KB233396

행함이
있는
믿음

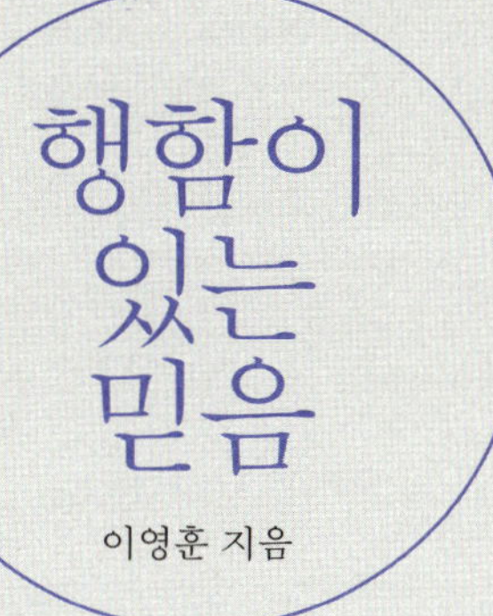

행함이 있는 믿음

이영훈 지음

Faith in Action

교회성장연구소

목차

오늘날 그리스도인 중에는 안타깝게도 믿음에 대한 고백은 있으나 삶 가운데 믿음의 실천을 잃어버린 모습이 있는 것을 보게 됩니다. 참된 믿음은 행함이 동반되는 믿음입니다. 말씀을 듣는 것에서 그치는 것이 아니라 말씀을 실천하는 믿음이 있어야 합니다. 허공을 치는 믿음이 아니라 삶에서 열매를 맺는 믿음이어야 하는 것입니다.

오늘날과 마찬가지로, 예수님이 부활하시고 승천하신 후 사도들을 통해 세워진 교회들 가운데도 행함이 없는 믿음의 문제가 교회 안팎에서 제기되었습니다. 예수님의 친동생이자 예루살렘교회의 지도자였던 야고보는 당시 예수 그리스도를 주로 고백하는 그리스도인 중에 여전히 세속적인 마음을 가지고 파벌을 지으며 여러 갈등과 다툼을 일으키는 모습이 있는 것을 안타까워 했습니다. 그래서 믿음이 있으면서도 행함이 없는 이들을 향하여 참된 믿음이 무엇인지를 알려주고자 로마제국 전역에 흩어져 있는 그리스도인들에게 편지를 썼습니다. 그 편지가 바로 야고보서입니다. 야고보서는 맹목적인 믿음이 아니라 진실하고 온전한 믿음에 대해 가르쳐줍니다. 예수 그리스도를 구주로 고백하는 자들이 하나님의 은혜를 입은 자들로서 마땅히 행해야 할 도리와 교훈에 대해 말씀하고 있는 것입니다.

이것은 오늘날 세상에서 구별된 그리스도인으로 살아가는 우리에게 꼭 필요한 말씀입니다. 왜냐하면, 그동안 한국교회에서 믿음에 대한 강조가 컸던 탓인지 상대적으로 행함과 실천에 대한 부분에서는 부끄러운 면이 많았기 때문입니다. 오늘날 교회가 세상으로부터 손가락질을 당하지 않고 세상의 빛과 소금의 역할을 온전히 감당하기 위해서는 이제 말만 앞서지 말고 행함이 뒤따르는 신앙을 회복해야 합니다. 오직 예수 그리스도를 믿음으로 구원받는 '이신칭의의 신앙'과 믿음을 삶 가운데 나타내는 '실천하는 신앙'의 균형이 우리에게 요구되고 있는 것입니다. 예수 그리스도의 십자가 은혜로 구원받은 우리는 그리스도를 닮아야 합니다. 언제나 겸손히 낮은 자들과 함께하시고 위대한 사랑의 본을 보여주신 예수 그리스도를 닮아갈 때 세상에 그리스도의 복음이 증거되고, 하나님께서 영광받으실 것입니다. 이 책을 읽는 모든 성도님들이 주님의 교훈에 귀를 기울이고, 행함이 있는 믿음으로 영적 열매를 풍성히 맺는 성숙한 그리스도인이 되시기를 소원합니다.

여의도순복음교회 위임목사 이영훈

Faith
in Action

1장
시험
믿음을 지켜내야 할
삶의 자리

1장

시험
믿음을 지켜내야 할 삶의 자리

약 1:1-27

1 하나님과 주 예수 그리스도의 종 야고보는 흩어져 있는 열두 지파에게 문안하노라

2 내 형제들아 너희가 여러 가지 시험을 당하거든 온전히 기쁘게 여기라

3 이는 너희 믿음의 시련이 인내를 만들어 내는 줄 너희가 앎이라

4 인내를 온전히 이루라 이는 너희로 온전하고 구비하여 조금도 부족함이 없게 하려
함이라

5 너희 중에 누구든지 지혜가 부족하거든 모든 사람에게 후히 주시고 꾸짖지 아니하
시는 하나님께 구하라 그리하면 주시리라

6 오직 믿음으로 구하고 조금도 의심하지 말라 의심하는 자는 마치 바람에 밀려 요동
하는 바다 물결 같으니

7 이런 사람은 무엇이든지 주께 얻기를 생각하지 말라

8 두 마음을 품어 모든 일에 정함이 없는 자로다

9 낮은 형제는 자기의 높음을 자랑하고

10 부한 자는 자기의 낮아짐을 자랑할지니 이는 그가 풀의 꽃과 같이 지나감이라

11 해가 돋고 뜨거운 바람이 불어 풀을 말리면 꽃이 떨어져 그 모양의 아름다움이 없
어지나니 부한 자도 그 행하는 일에 이와 같이 쇠잔하리라

12 시험을 참는 자는 복이 있나니 이는 시련을 견디어 낸 자가 주께서 자기를 사랑하
는 자들에게 약속하신 생명의 면류관을 얻을 것이기 때문이라

13 사람이 시험을 받을 때에 내가 하나님께 시험을 받는다 하지 말지니 하나님은 악
에게 시험을 받지도 아니하시고 친히 아무도 시험하지 아니하시느니라

14 오직 각 사람이 시험을 받는 것은 자기 욕심에 끌려 미혹됨이니

15 욕심이 잉태한즉 죄를 낳고 죄가 장성한즉 사망을 낳느니라

16 내 사랑하는 형제들아 속지 말라

17 온갖 좋은 은사와 온전한 선물이 다 위로부터 빛들의 아버지께로부터 내려오나니 그는 변함도 없으시고 회전하는 그림자도 없으시니라

18 그가 그 피조물 중에 우리로 한 첫 열매가 되게 하시려고 자기의 뜻을 따라 진리의 말씀으로 우리를 낳으셨느니라

19 내 사랑하는 형제들아 너희가 알지니 사람마다 듣기는 속히 하고 말하기는 더디 하며 성내기도 더디 하라

20 사람이 성내는 것이 하나님의 의를 이루지 못함이라

21 그러므로 모든 더러운 것과 넘치는 악을 내버리고 너희 영혼을 능히 구원할 바 마음에 심어진 말씀을 온유함으로 받으라

22 너희는 말씀을 행하는 자가 되고 듣기만 하여 자신을 속이는 자가 되지 말라

23 누구든지 말씀을 듣고 행하지 아니하면 그는 거울로 자기의 생긴 얼굴을 보는 사람과 같아서

24 제 자신을 보고 가서 그 모습이 어떠했는지를 곧 잊어버리거니와

25 자유롭게 하는 온전한 율법을 들여다보고 있는 자는 듣고 잊어버리는 자가 아니요 실천하는 자니 이 사람은 그 행하는 일에 복을 받으리라

26 누구든지 스스로 경건하다 생각하며 자기 혀를 재갈 물리지 아니하고 자기 마음을 속이면 이 사람의 경건은 헛것이라

27 하나님 아버지 앞에서 정결하고 더러움이 없는 경건은 곧 고아와 과부를 그 환난 중에 돌보고 또 자기를 지켜 세속에 물들지 아니하는 그것이니라

  야고보서는 예수님을 믿어 하나님의 자녀가 된 성도가 어떠한 삶을 살아야 하는지 말씀하고 있는 책입니다. 다시 말해, '행

  행함이 있는 믿음

함이 있는 믿음'에 대해 말씀하고 있는 책입니다. 그리스도인들이 "믿습니다."라는 말은 잘하면서도 정작 삶의 모습은 아름답지 못해 비난을 받는 경우가 많습니다. 예수님의 동생 야고보는 흩어져있는 성도들에게 신앙생활을 할 때 믿음의 본을 보이라고 강력하게 말씀했습니다. 예수님을 구주로 영접하여 믿음으로 구원받지만 구원받은 이후에 그에 맞는 행동이 뒤따르지 아니하면 그 믿음은 죽은 믿음이라는 것입니다. 이 말씀은 우리 모두에게 주시는 하나님 말씀입니다. 예수님을 믿는 사람은 믿는 사람답게 살아야 합니다. 하나님 보시기에 기뻐하시는 모습이 되어야 하고, 사람들 보기에도 존경받고 칭찬받는 모습이 되어야만 합니다. 그리스도인이 자신의 행동 때문에 믿지 않는 사람들에게 손가락질을 받거나 비판받아서는 안 됩니다. 그리스도인의 잘못된 행동으로 하나님의 영광을 가리게 되고 복음 전파에 걸림돌이 되기 때문입니다. 그래서 성경은 우리에게 예수님을 믿고 난 다음 그 믿음에 맞는 행함을 보여서 하나님을 기쁘시게 하고 사람들에게 덕을 끼치라고 권면하고 있습니다.

그런데 믿음을 행한다는 것은 성도들에게 결코 쉬운 일이 아닙니다. 세상의 박해와 죄의 유혹은 성도로 하여금 믿음을 실천하지 못하게 하며, 세상과 타협하도록 몰아세우기 때문입니다.

그래서 야고보서 1장에서는 믿음을 실천한 성도에게 주어지는 복과 믿음을 실천하기 위해 성도는 무엇을 해야 하는지에 대하여 말씀합니다. 믿음을 실천한 성도에게 주어지는 복이란 "너희로 온전하고 구비하여 조금도 부족함이 없게 하려 함이라"라고 1장 4절에서 말씀하고 있듯이 신앙의 성숙입니다. 그리고 성도가 믿음을 실천하기 위해 해야 하는 일은 "지혜가 부족하거든 모든 사람에게 후히 주시고 꾸짖지 아니하시는 하나님께 구하라 그리하면 주시리라"라고 1장 5절에서 말씀하고 있듯이, 하나님께 지혜를 구하는 것입니다.

나아가 야고보서 1장에서는 가난한 자에게 그리스도 안에서 높은 자가 되었음을 상기시키고, 부한 자에게 겸손을 권면하면서 교회의 하나 됨을 독려합니다. 야고보서 1장은 성도들이 믿음의 실천을 이루지 못하는 이유에 대해서도 말씀합니다. 그것은 다름 아닌 사람의 마음속에 있는 욕심입니다(약 1:14). 따라서 믿음의 실천은 끊임없이 성도를 괴롭히는 죄의 유혹을 어떻게 이겨내느냐에 성패가 달려있습니다. 그리고 야고보서 1장 19절부터는 본격적으로 하나님께서 원하시는 '행함이 있는 믿음'의 삶이란 무엇인지 자세히 말씀합니다.

시험의 한가운데서 기뻐하기

하나님과 주 예수 그리스도의 종 야고보는 흩어져 있는 열두 지파
에게 문안하노라(약 1:1)

야고보서의 서두에는 성경의 다른 서신들과 같이 수신자와
발신자에 대한 내용이 나옵니다. 야고보서의 수신자는 예루살
렘교회의 지도자이자 예수님의 형제였던 야고보입니다. 발신
자는 "흩어져 있는 열두 지파"라고 언급되는데, 이는 예수님을
믿어 하나님의 자녀가 된 모든 성도들을 말합니다. 따라서 야고
보서는 초대교회의 모든 성도들을 향한 하나님의 뜻을 전달하
고 있는 책입니다.

내 형제들아 너희가 여러 가지 시험을 당하거든 온전히 기쁘게 여
기라(약 1:2)

짧은 인사가 끝나자마자 야고보서는 본격적으로 권면의 말
씀을 시작합니다. 가장 먼저, 시험당했을 때 믿는 자가 취해야
할 마음가짐에 대해 말씀합니다.

예수님을 믿어 하나님의 자녀가 된 사람이라면 예나 지금이
나 믿음의 시험을 당합니다. 그런데 야고보서가 쓰였던 2,000
년 전 초대교회 성도들은 오늘날의 성도들보다 훨씬 더 혹독한
시험을 당했습니다. 왜냐하면 당시에는 종교의 자유가 보장되
지 않았고, 예수님을 구주로 믿는 사람들은 필연적으로 박해를
받았기 때문입니다. 따라서 야고보서가 말하는 시험에는 믿음
을 포기하도록 강제하는 당시 로마 당국과 유대교인들의 위협
과 폭력이 포함되어 있었습니다. 물론 시대를 불문하고 사람이
라면 누구나 겪는 생활과 관계의 어려움 또한 야고보서가 말씀
하는 시험의 한 부분이었습니다.

그런데 야고보서는 이러한 초대교회 성도들에게 "시험을 당
하거든 온전히 기쁘게 여기라"라고 말씀합니다. 사실 이는 상
식적으로는 쉽게 납득이 되지 않는 말입니다. 삶의 여러 어려움
이 들이닥치고, 더 심하게는 목숨이 위협받는 상황에서 기뻐한
다는 것은 상상하기 어려운 일이기 때문입니다. 보통의 사람들
에게 시험은 기뻐할 일이라기보다 염려하고 불평해야 할 일입
니다. 그러나 야고보서는 시험을 당하는 초대교회 성도들 그리
고 우리 모두에게 '기뻐하라.'고 말씀합니다. 그렇다면, 야고보
서는 무엇을 근거로 시험을 당하고 있는 성도들에게 기뻐하라

고 말씀하는 것일까요? 그것은 바로 다음 절에서 찾아볼 수 있습니다.

> 이는 너희 믿음의 시련이 인내를 만들어 내는 줄 너희가 앎이라 인내를 온전히 이루라 이는 너희로 온전하고 구비하여 조금도 부족함이 없게 하려 함이라(약 1:3-4)

이 말씀처럼 시험은 성도를 인내하게끔 만듭니다. 그리고 그가 인내하고 또 인내하여 그 시험을 통과한다면, 그는 온전하고 구비하여 조금도 부족함 없는 신앙인으로 세워질 것입니다. 다시 말해, 성도가 인고의 시간을 지나 시험을 이겨내면 성숙한 그리스도인으로 성장할 수 있다는 말입니다. 이와 관련하여 로마서 5장 3-4절은 다음과 같이 말씀합니다.

> 다만 이뿐 아니라 우리가 환난 중에도 즐거워하나니 이는 환난은 인내를, 인내는 연단을, 연단은 소망을 이루는 줄 앎이로다(롬 5:3-4)

우리는 살면서 이런저런 믿음의 시험을 당합니다. 물질적인 어려움으로 인해 우리의 필요를 채우시는 좋으신 하나님을 향한 믿음이 흔들리기도 합니다. 육체의 질병으로 너무나 괴로운 나머지 우리를 치료하시는 야훼 라파 하나님의 능력을 의심할 때도 있습니다. 인간관계의 어려움 또한 우리를 믿음의 시험으로 내모는 큰 이유입니다. 믿지 않는 가족들이나 회사 동료들에게 신앙에 반하는 행동을 강요받기도 하며, 때로는 함께 예배드리고 신앙생활하는 교우들로 인해 믿음이 흔들리기도 합니다.

그러나 야고보서에서 말씀하고 있듯이, 이러한 믿음의 시련은 인내를 만들어내고 인내는 우리를 성숙된 신앙으로 인도합니다. 따라서 우리는 시험당할 때 기뻐해야 합니다. 그런데 시험당할 때 기뻐하는 것은 매우 어려운 일입니다. 오랫동안 신앙생활을 하고, 교회를 꾸준히 다닌 사람들도 삶에 다가오는 여러 가지 시험으로 인해 기쁨을 잃고 낙담하기 일쑤입니다. 그렇다면 어떻게 해야 시험당할 때 기뻐할 수 있을까요? 그것은 날마다 성령으로 충만하여 마음을 지킬 때 가능합니다. 잠언 4장 23절 말씀은 다음과 같이 말씀합니다.

모든 지킬 만한 것 중에 더욱 네 마음을 지키라 생명의 근원이 이에서 남이니라(잠 4:23)

기쁨의 영이신 성령님의 은혜 가운데 거하며 마음을 지키시기 바랍니다. 그리고 날마다 긍정적인 생각을 하고 감사의 고백을 드리시기 바랍니다. 그리할 때 우리는 어떠한 시험이 다가올지라도 기쁨으로 감내하며 승리의 날을 바라볼 수 있을 것입니다.

극심한 믿음의 시험에도 불구하고 마음을 지켜, 이를 신앙 성숙의 기회로 삼은 장종택 목사님의 이야기를 나누고자 합니다. 장종택 목사님은 많은 그리스도인들에게 사랑받고 있는 복음성가인 '은혜로다', '생명과 바꾼 주의 사랑을'의 작곡자로도 잘 알려진 분입니다.

장종택 목사님은 일찍이 찬양사역자로 사역을 시작했는데, 한창 사역 중이던 2015년 청천벽력 같은 소식을 접하게 됩니다. 당시 8살이던 딸 온유가 시름시름 앓아, 병원에 가 검사를 해보니 '항NMDA수용성뇌염'이라는 희귀병에 걸렸다는 진단이 내려진 것입니다. 항NMDA수용성뇌염은 2010년에 처음 발견된 병으로, 워낙 최근에 발견된 병이라 그 원인도 아직 제대로 규명되지 않았으며 치료법 또한 미비한 질병입니다.

장종택 목사님의 딸 온유는 이 희귀병 진단을 받은 직후 병원에 입원하여, 난소의 종양을 제거하는 수술을 받게 되었고 이후 고열과 극한 통증에 시달리며 두 달 간이나 의식불명 상태로 지냈습니다. 난소 종양 제거 수술 후에도 혈장 분리술을 7번, 항암 치료도 5번이나 받았습니다. 장종택 목사님은 너무도 어린 나이에 감당하기 힘든 짐을 지고 있는 딸의 모습을 보며 괴로워 눈물을 흘렸지만, 하나님께 나아가 기도하는 것을 잊지 않았습니다.

목사님은 딸을 돌보는 외중에도 시간을 구별하여 하나님께 나아갔고, 그때마다 온유를 살려달라고 간절히 기도했습니다. 어느 날도 이렇게 간절히 기도를 하는데 문득 목사님의 마음에 "내가 나의 마음에 죄악을 품었더라면 주께서 듣지 아니하시리라"라는 시편 66편 18절 말씀이 떠올랐습니다. 그때 이후로 목사님은 온유를 살려달라는 기도에 앞서 자신의 지난날을 회개하는 기도를 드렸습니다. 현실과 타협했던 과거의 모습, 마음속 깊이 숨겨왔던 불법, 음행 등의 죄악들을 낱낱이 하나님 앞에 아뢰었습니다.

또한 목사님은 이때의 기도생활을 통해 자신의 믿음이 극심한 위기 앞에서 얼마나 연약해지는가를 깨달았습니다. 목사님은 평소에 '하나님은 우리의 피난처시요, 힘이시니 환난 중에 만날 큰 도움이시라. 그러므로 요동치 않습니다.'라는 고백을 자주 읊조리곤 했습니다. 그러나 목사님은 딸이 희귀병을 얻은 이후로 이따금씩 하나님에 대한 원망의 마음을 품었고, 심지어 이를 입 밖으로 내뱉기도 했습니다. 그러한 일들이 생각날 때마다 목사님은 하나님을 신뢰한다고 겉으로는 그럴싸하게 고백하면서도 마음속 깊은 곳에서는 하나님을 불신하고 원망의 마음을 품었던 자신의 모습을 회개했습니다. 그리고 앞으로는 신앙의 고백과 행동이 일치하는 삶을 살겠다고 다짐했습니다.

이렇듯 딸 온유의 질병을 통해 장종택 목사님은 자신의 신앙을 점검하게 되었고, 더욱더 진솔하고 깊은 기도로 하나님께 나아가게 되었습니다. 그렇게 하나님께 자신을 온전히 내어드리며 딸의 완쾌만을 기다리던 목사님에게 놀라운 일이 일어났습니다. 온유가 의식을 잃은 지 두 달 만에 깨어나더니, 두 손을 모은 채로 "예수님, 예수님!" 하고 말하는 것이었습니다. 그 후 온유는 조금씩 건강을 되찾아갔고, 의식을 찾은 지 7개월 만에 완치 판정까지 받았습니다. 하나님께서 기적을 베풀어주셨던 것입니다.

장종택 목사님은 딸의 질병이 깨끗이 낫는 축복과 더불어 딸의 질병을 통해 더욱 성숙한 신앙인으로 세워지는 영적 축복까지 받았습니다. 장종택 목사님의 고백은 우리에게 고난의 유익에 대한 귀한 깨달음을 줍니다.

> "저에게 고난은 특별한 은혜입니다. 고난 때문에 하나님께 더 나아갈 수 있었으니까요. 딸아이가 중환자실에 있는 것을 보며 생각했습니다. '아, 내가 할 수 있는 일이라곤 하나도 없구나. 하나님이 하셔야 되는구나.' 24시간 기도하지 않을 수 없는 상황에서 하나님과 더 친밀해졌습니다!"

흔히 고난을 '변장된 축복'이라 부릅니다. 고난은 역경으로 다가오지만, 결국에는 축복으로 이어진다는 말입니다. 믿음의 시험도 마찬가지입니다. 믿음의 시험은 우리를 고통스럽게 하지만, 이를 인내하며 통과했을 때 하나님의 놀라운 축복이 기다리고 있습니다. 먼저는 영적 성숙의 축복이며, 나아가 문제 해결의 축복입니다. 그러므로 믿음의 시험이 다가왔을 때 불평하거나 염려하지 말고 도리어 기뻐하시기 바랍니다. 그리고 인내하고 기도하며 자신을 돌아보시기 바랍니다. 그리할 때 하나님께서 반드시 모든 것을 합력하여 선을 이루시고, 우리에게 복에 복을 더하실 것입니다.

그러므로 너희가 이제 여러 가지 시험으로 말미암아 잠깐 근심하게 되지 않을 수 없으나 오히려 크게 기뻐하는도다 너희 믿음의 확실함은 불로 연단하여도 없어질 금보다 더 귀하여 예수 그리스도께서 나타나실 때에 칭찬과 영광과 존귀를 얻게 할 것이니라(벧전 1:6-7)

지혜, 성숙한 신앙생활을 위한 분별력

기도생활은 우리의 간구와 하나님의 응답으로 이루어집니다. 우리가 하나님의 뜻에 합당한 기도를 드림으로 날마다 하나님의 도움을 받으며 살아갈 때 건강한 기도생활, 나아가 성숙한 신앙생활을 해나갈 수 있습니다.

우리는 삶의 모든 부분과 관련하여 하나님께 기도해야 합니다. 개인의 건강과 생활의 안정을 위해 기도해야 하며, 가족의 안녕과 교회의 부흥을 위해 기도해야 합니다. 그리고 삶의 세세한 부분까지도 기도의 대상이 되어야 한다는 사실을 잊지 말아야 합니다. 면접을 봐야 할 일이 있다면 그 면접이 순조롭게 진행되도록, 사업 파트너를 만나 협상을 해야 할 일이 있으면 그 협상이 원활하게 이루어지도록, 중요한 손님을 집에 들이게 되었다면 그 모임의 분위기가 화기애애하도록 기도해야 합니다.

하나님께서는 우리의 삶 전반에 개입하기 원하십니다. 무심결에 지나치는 삶의 작은 부분까지도 꼼꼼히 관여하셔서 우리를 돕기 원하십니다. 그러므로 우리는 날마다 하나님께 구해야 합니다. 우리가 구할 때 하나님께서 가장 좋은 것을 주실 것입니다. 특별히 야고보서는 '지혜'가 부족하거든 하나님께 구하라고 말씀합니다. 그리할 때 하나님께서 후히 주실 것이라 말씀합니다.

> 너희 중에 누구든지 지혜가 부족하거든 모든 사람에게 후히 주시고 꾸짖지 아니하시는 하나님께 구하라 그리하면 주시리라(약 1:5)

그렇다면 야고보서가 말씀하는 지혜란 무엇일까요? 그것은 하나님의 말씀을 따라 살고자 하는 성도에게 필요한 신앙적 분별력을 말합니다. 예를 들면, 직장 동료, 친구, 혹은 교우들과의 관계로 어려움을 겪을 때 그것을 해결할 수 있는 방법, 또는 사회생활하면서 하나님의 뜻에 어긋나는 행동을 하지 않으면서도 능력을 발휘하며 선한 영향력을 끼칠 수 있는 방법을 알고 그에 따라 행동하는 것을 말합니다. 다시 말해, 세상, 가정, 교회 등에서 하나님의 뜻을 실천하기 위한 현명한 삶의 자세를 말합니다.

야고보서는 우리가 이러한 지혜를 구한다면 하나님께서 필히 주시되, 후하게 주실 것이라 약속하고 있습니다. 그러므로 삶의 모든 순간마다 하나님께 지혜를 구하시기 바랍니다. 하나님께서 때에 따라 적절한 지혜를 주셔서 우리가 어떠한 상황에 처해있든지 간에 능히 헤쳐 나갈 수 있도록 해주실 것입니다.

예수님도 우리가 구하면 하나님께서 주실 것이라고 말씀하셨습니다.

구하라 그리하면 너희에게 주실 것이요 찾으라 그리하면 찾아낼 것이요 문을 두드리라 그리하면 너희에게 열릴 것이니 구하는 이마다 받을 것이요 찾는 이는 찾아낼 것이요 두드리는 이에게는 열릴 것이니라(마 7:7-8)

연이어 야고보서는 지혜를 구하는 사람이 가져야 할 마음가짐에 대해 말씀합니다.

오직 믿음으로 구하고 조금도 의심하지 말라 의심하는 자는 마치 바람에 밀려 요동하는 바다 물결 같으니 이런 사람은 무엇이든지 주께 얻기를 생각하지 말라 두 마음을 품어 모든 일에 정함이 없는 하나님께 지혜를 구하는 자는 반드시 하나님에 대한 믿음을 가져야 합니다. 야고보서는 하나님께 무엇을 구하면서도 의심하는 사람은 "바람에 밀려 요동하는 바다 물결"과 같다고 말씀합니다. 이리저리 부는 바람에 휩싸여 향방 없이 흐르는 바다 물결처럼 올곧지 못하다는 말씀입니다. 그리고 이러한 사람은 주께 얻기를 생각지도 말아야 하며, 더 나아가 "두 마음을 품어 모든 일에 정함이 없는 자"라고 말씀합니다. 이처럼 야고보서는 구하고도 믿지 못하는 사람의 실체를 숨김없이 드러내며, 무엇을 구하는 자는 반드시 믿음을 가져야 한다는 사실을 강조하고 있습니다.

우리의 기도를 들으시는 하나님은 선하시고 전능하신 분이십니다. 하나님은 선하시기에 우리를 위한 최고의 응답을 가지고 계시며, 또한 전능하시기에 우리의 기도를 듣고 이루어주실 능력을 가지고 계십니다. 그러므로 우리가 구할 때 하나님은 반드시 응답하십니다. 하나님께 기도를 드렸다면 믿고 기다리시기 바랍니다. 믿음과 불신을 오가며 이리저리 흔들리지 마시고 심지를 굳건히 하시기 바랍니다. 선하시고 전능하신 하나님께

서 우리의 기도를 응답하실 것입니다. 예수님도 신뢰하는 태도
가 기도 응답에 얼마나 중요한지에 대해 다음과 같이 말씀하셨
습니다.

> 그러므로 내가 너희에게 말하노니 무엇이든지 기도하고 구하는 것
> 은 받은 줄로 믿으라 그리하면 너희에게 그대로 되리라(막 11:24)

E. M. 바운즈 목사님은 의심을 떨쳐버리고 믿음을 가지라며
다음과 같이 말했습니다.

> "참된 믿음은 명확해야 하고 아무런 의심이 없어야 한다. 우리는
> 자신의 연약함에서 벗어나 하나님의 강함을 절대적으로 의존해야
> 한다. 단순하게 맡기는 믿음, 매 순간 모든 짐을 주님께 내려놓는
> 인생은 두려움을 가볍게 날려버리며, 온갖 불안을 몰아내며, 모든
> 의심에서 벗어나게 할 것이다. 의심은 항상 금지되어 있다. 의심
> 은 믿음의 원수이며, 능력 있는 기도를 방해하기 때문이다!"

하나님은 우리에게 지혜를 주기 원하시며, 우리가 그 지혜를
통해 부족함 없는 신앙생활을 하기 원하십니다. 그러므로 하나

님께 구했다면 의심을 떨쳐버리고 충만한 믿음으로 하나님의 응답을 기다리시기 바랍니다. 하나님께서 세상의 모든 문제를 능히 해결할 수 있는 지혜를 우리에게 주실 것입니다.

낮아도 높고, 높아도 낮은 우리들

교회는 가진 사람과 가지지 못한 사람, 많이 배운 사람과 그렇지 못한 사람, 지위가 높은 사람과 낮은 사람 등 각계각층의 사람들이 함께 모여 공동체를 이룹니다. 초대교회 또한 오늘날의 교회와 다르지 않았으며 제각각의 사회적 배경을 가진 사람들이 함께 신앙생활을 했습니다. 더욱이 당시에는 신분의 구분이 명확했기 때문에 계층 간의 위화감은 오늘날의 교회보다 훨씬 더 컸습니다. 초대교회에는 사회적 지위가 낮은 자와 높은 자, 빈궁한 자와 부한 자 간의 차이가 분명하게 드러났습니다. 야고보서는 이러한 초대교회의 상황을 고려하여 지위가 낮거나 빈궁한 성도들과 지위가 높거나 부한 성도들을 구분하여 각각 그들에게 적합한 말씀을 전달합니다.

우선 야고보서는 '낮은 형제'를 향해 권면의 말을 전하는데, 그들에게는 '자기의 높음을 자랑하라.'고 말씀합니다.

현재 우리는 민주주의 사회를 살아가고 있지만 사람들 간에는 부의 정도, 직장에서의 직책, 사회적 배경 등에 따라 알게 모르게 구별이 존재합니다. 그리고 이러한 구별에 따라 생활양식도 다르고, 주변 사람들의 인식에도 차이가 있습니다. 그러나 세상에서는 이와 같은 구별이 있을지라도 하나님 나라 안에서는 결코 구별이 없습니다. 하나님 나라 안의 형제자매들은 그리스도를 머리로 하는 한 몸의 지체들로서 모두가 동등하게 귀중한 존재들이기 때문입니다. 설령 사회적 지위가 낮더라도 하나님의 자녀로서의 존귀한 신분, 즉 "자기의 높음"을 자랑할 수 있습니다. 그래서 고린도전서 12장 24-25절은 다음과 같이 말씀합니다.

우리의 아름다운 지체는 그럴 필요가 없느니라 오직 하나님이 몸을 고르게 하여 부족한 지체에게 귀중함을 더하사 몸 가운데서 분쟁이 없고 오직 여러 지체가 서로 같이 돌보게 하셨느니라(고전 12:24-25)

예수님을 믿어 구원받은 성도라면 모두가 귀중한 하나님의 자녀입니다. 성도들 간에 차별은 결코 있을 수 없습니다. 사회적 지위가 낮을지라도, 가진 것이 없을지라도, 세상에서 실패했을지라도, 나이가 어릴지라도 하나님의 자녀라면 모두 귀중하고 높은 자입니다.

에베소서 2장 4-6절은 구원받은 성도가 얼마나 존귀한 존재인지 말씀하고 있습니다. 사도 바울은 이 구절을 통해 우리가 예수님을 믿을 때 그리스도와 함께 생명을 얻고, 더 나아가 함께 하늘에 앉는다고 말합니다.

> 긍휼이 풍성하신 하나님이 우리를 사랑하신 그 큰 사랑을 인하여 허물로 죽은 우리를 그리스도와 함께 살리셨고 (너희는 은혜로 구원을 받은 것이라) 또 함께 일으키사 그리스도 예수 안에서 함께 하늘에 앉히시니(엡 2:4-6)

구원받은 성도는 이 땅에서의 신분에 상관없이 하늘의 시민권을 가진 천국 백성입니다(빌 3:20). 현재 자신에게 내세울 것이 없다고 해서 주눅들지 마시기 바랍니다. '낮은 형제는 자기의 높음을 자랑하라.'는 야고보서의 권면을 기억하며, 하나님 나라의 백성답게 당당하게 이 땅을 살아가시기 바랍니다. 하나님께

서는 하나님 나라 백성으로서의 정체성을 기억하며 자신감을
가지고 세상을 살아가는 성도를 기뻐하십니다.

뒤이어 야고보서는 '부한 자'를 향한 권면의 말을 전하는데,
부한 자는 자기의 낮아짐을 자랑하라고 말씀합니다.

부한 자는 세상에서 자랑할 것이 많은 사람입니다. 그러나
아무리 많은 부를 가졌다 한들 그것을 천국까지 가지고 가지는
못합니다. 천하를 호령한 사람일지라도 죽음 이후에는 하나님
의 심판대 앞에 서는 한 영혼일 뿐입니다. 모든 인간은 죽음 앞
에서 유한하며 인간의 부, 지위, 명예, 지식 등은 하나님이 창조
하신 시간이라는 거대한 힘에 굴복하여 모두 썩어 없어져 버리
고 맙니다.

많은 한국 사람들이 봄만 되면 아름다운 봄꽃들을 구경하기
위해 나들이를 떠납니다. 사람들은 호된 겨울을 지난 후 피어난
형형색색의 봄꽃들을 보며 이제는 따뜻한 봄이 왔음을 느끼고,
그 속에서 삶의 새로운 활력을 얻습니다. 그런데 이토록 아름답

고 사람들에게 긍정적인 기운을 북돋아주는 봄꽃들도 불과 몇 주, 때로는 며칠만 지나면 곧 땅에 떨어져 그 빛깔을 잃어버리고 맙니다. 야고보서는 인간의 부가 바로 이러한 꽃들과 같다고 말씀합니다.

> 해가 돋고 뜨거운 바람이 불어 풀을 말리면 꽃이 떨어져 그 모양의 아름다움이 없어지나니 부한 자도 그 행하는 일에 이와 같이 쇠잔하리라(약 1:11)

마이클 오 목사님은 2013년 41살의 나이에 최연소이자 아시아인 최초로 국제로잔운동 총재 겸 이사장으로 선출되었습니다. 마이클 오 목사님은 미국으로 이민 간 한국인 부모에게서 태어난 교포 2세로, 미국 하버드대학과 펜실베이니아대학 그리고 트리니티신학대학원을 졸업한 인재입니다. 현재는 국제로잔운동 사역과 더불어 일본 나고야에 그리스도성서신학교를 설립해 총장으로 섬기고 있습니다.

목사님은 이처럼 다방면으로 지도력을 발휘하며 전 세계적으로 영향력을 끼치고 있지만, 언제나 낮아짐의 마음을 잃지 않고 있습니다. 2014년 목사님이 발간한 책『나는 아무것도 아닙

니다』에는 그분의 낮아짐의 영성이 담긴 글이 한 토막 실려있습
니다.

> "나는 아무것도 아닌 사람입니다. 은혜로 구원받은 죄인일 뿐입니
> 다. 나는 수줍음이 많고, 자신감도 없으며, 무척 내향적인 사람인
> 데, 어쩌다보니 큰 무대에 올라가게 된 것입니다. 나는 깨지기 쉬
> 운 그릇입니다. 그런데 전능하신 하나님을 섬기도록 부르심을 받
> 았습니다. 나는 그냥 작은 선교사일 뿐이지만 크신 하나님을 섬기
> 고 있습니다."

하나님 나라에서는 낮은 자나 높은 자나 아무런 차별이 없으
며, 모두가 동등한 하나님의 자녀들입니다. 따라서 낮은 자라고
해서 위축될 필요가 없으며, 높은 자라고 해서 거만해서도 안
됩니다. 땅에서의 부, 명예, 지위 등에 상관없이 모두가 하나 됨
을 이룰 때 하나님께서 기뻐하시며, 교회는 견실하게 세워집니
다.

시험, 속지 말고 견뎌라

야고보서 1장 12절에서는 2절에서 이미 다뤘던 '시험'이 다시
한번 주제로 등장합니다. 그런데 지금부터 나오는 시험은 앞에
서 언급된 시험과는 의미가 조금 다릅니다. 앞 2절에서의 시험
이 삶의 역경이나 박해와 같은 '돌파해내야 할 도전'과 같은 것
이었다면, 이곳 12절에서의 시험은 육신의 정욕과 안목의 정욕
과 이생의 자랑과 같은 '피해야 할 유혹'과 같은 것입니다. 야고
보서는 이 시험, 즉 우리를 죄 가운데로 끌어들이는 유혹을 참
고 견뎌낸 자는 하나님께서 사랑하시는 자라 인정하실 것이며,
생명의 면류관을 주실 것이라 말씀합니다.

아담과 하와가 타락한 이후 모든 사람들은 죄악이 만연한 세
상 속에서 살게 되었습니다. 오늘날 자본주의 사회는 다수의 사
람들에게 물질적 풍요를 가져다주기는 하였으나 물질에 대한
왜곡된 욕망이라는 큰 폐단을 낳았습니다. 그래서 많은 사람들

이 돈의 유혹에 넘어가 무자비하게 이웃을 짓밟고 불법을 저지르곤 합니다. 또한 오래전부터 인간을 타락시키는 주범이었던 그릇된 성욕은 여전히 많은 사람들을 유혹하고 있는 죄악입니다. 최근 들어서는 인터넷의 발달로 성의 상품화가 급속히 확산되면서 과거보다 더욱더 많은 사람들이 성욕의 노예로 전락하고 있습니다. 이외에도 명예욕, 아름다운 외모에 대한 지나친 욕구 등은 사람들을 끊임없이 죄의 시험에 빠뜨리고 있습니다.

그리스도인일지라도 이러한 죄의 유혹에서 자유로울 수 없다는 사실을 기억해야 합니다. 육체를 입고 사는 이상 우리 속에 거하는 죄가 우리로 하여금 죄의 길을 걷도록 유혹하기 때문입니다. 따라서 모든 그리스도인은 죄와 씨름하는 것을 평생의 과업으로 삼아야 합니다. 그런데 간혹 몇몇 그리스도인은 자신이 받는 죄의 유혹을 하나님의 테스트라 생각하기도 합니다. 죄의 유혹이 하나님으로부터 온다고 여기는 것입니다. 그러나 이는 큰 착각입니다. 하나님은 결코 우리를 죄의 유혹으로 시험하지 않으십니다. 그래서 야고보서 1장 13절은 이렇게 말씀합니다.

사람이 시험을 받을 때에 내가 하나님께 시험을 받는다 하지 말지 그렇다면 우리가 죄의 유혹을 받는 이유는 무엇일까요? 이에 대해서도 야고보서는 해답을 제시해줍니다.

야고보서는 우리가 죄의 유혹에 시달리는 것은 우리 스스로 욕심에 이끌려 미혹되었기 때문이라고 말씀합니다. 즉, 우리가 유혹을 받는 것은 하나님 탓이 결코 아니며, 우리 탓이라고 말씀하고 있는 것입니다. 우리 안에 있는 물욕, 성욕, 명예욕 등 모든 욕망이 우리를 죄의 수렁으로 끌어당긴다는 말씀입니다. 로마서 7장 19-20절은 우리 속에 거하는 죄가 우리로 하여금 악을 행하게 만든다고 말씀합니다.

자는 내가 아니요 내 속에 거하는 죄니라(롬 7:19-20)

이제 야고보서는 우리가 욕망 때문에 죄를 짓게 되고, 그 죄가 장성하게 되면 영적인 사망에 이른다고 말씀합니다.

욕심이 잉태한즉 죄를 낳고 죄가 장성한즉 사망을 낳느니라(약 1:15)

참으로 엄중한 말씀입니다. 우리가 욕망에 이끌려 마음 가는 대로 살다 보면 영적인 죽음에까지 이를 수 있게 된다는 말씀입니다. 그러므로 우리는 욕망을 절제할 수 있어야 합니다. 무슨 일이 있어도 죄의 유혹을 이겨내야 합니다. 그렇다면 우리는 어떻게 해야 죄의 유혹을 이겨낼 수 있을까요? 그것은 오직 성령의 충만을 받을 때 가능합니다. 거룩하신 성령님을 힘입을 때 거룩한 삶, 즉 죄에서 자유한 삶을 살 수 있습니다. 갈라디아서 5장 16절은 다음과 같이 말씀합니다.

내가 이르노니 너희는 성령을 따라 행하라 그리하면 육체의 욕심을 이루지 아니하리라(갈 5:16)

하나님께서 우리를 죄의 유혹으로 빠뜨리신다는 헛된 말에 속지 말아야 합니다. 우리가 죄의 유혹에 넘어가는 것은 우리의 욕망 때문입니다. 그래서 야고보서 1장 16절은 말씀합니다.

그렇다면 하나님은 어떠한 분이십니까? 야고보서 1장 17절은 하나님의 참모습에 대해 분명하게 말씀합니다.

하나님은 우리에게 좋은 은사와 선물을 주시는 선하신 분이십니다. 우리를 죄의 유혹에 넘기시는 분이 결코 아니십니다. 그리고 하나님의 이러한 선한 성품은 변함이 없습니다. 하나님은 "빛들의 아버지"이시기에 해와 별 같은 만물을 비추는 천체들에 의해서도 영향을 받지 않으시고, 한결같이 그분의 온전하신 뜻을 온 우주에 실현하십니다.

그리고 야고보서 1장 18절은 이러한 변함없이 선하신 하나님께서 우리를 구원하시어, 하나님 나라의 첫 열매가 되게 하셨다고 말씀합니다.

그가 그 피조물 중에 우리로 한 첫 열매가 되게 하시려고 자기의 뜻을 따라 진리의 말씀으로 우리를 낳으셨느니라(약 1:18)

우리는 선하신 하나님의 자녀입니다. 하나님께서 독생자 예수님을 십자가에서 죽게 하면서까지 구원하신 천하보다 귀한 한 영혼입니다. 하나님은 이러한 우리를 결코 죄악으로 끌어들이지 않으십니다. 우리가 죄의 유혹을 받는다면 그 이유는 전적으로 우리의 욕망 때문입니다. 그러므로 날마다 성령으로 충만하여 죄의 유혹을 극복해내시기 바랍니다. 우리가 죄의 유혹을 이겨내고 거룩한 길을 갈 때 선하신 하나님께서 하늘의 신령한 복을 넘치도록 부어주실 것입니다.

분노를 경계하라

예수님을 영접하여 하나님의 자녀가 된 사람이라면 다음과 같은 고민을 많이 할 것입니다. '하나님을 기쁘시게 하는 행동이란 무엇일까?' 야고보서는 이러한 고민을 하는 사람에게 명확한 해답을 제시해주는 책입니다. 특별히 1장 19-21절은 우리가 하나님을 기쁘시게 하기 위해 '속히 해야 할 것'과 '더디 해야 할 것'을 분명하게 말씀해주고 있습니다.

내 사랑하는 형제들아 너희가 알지니 사람마다 듣기는 속히 하고 말하기는 더디 하며 성내기도 더디 하라(약 1:19)

야고보서는 우리에게 '듣는 것'을 속히 하라고 말씀합니다. 잘 듣는 태도는 신앙 성숙의 척도입니다. 그래서 타인의 말을 잘 들어주는 사람은 주변 사람들에게 덕을 끼치며 공동체에 화평을 가져다줍니다.

무엇보다 잘 듣는 태도는 지도자가 가져야 할 최고의 덕목입니다. 다윗이 밧세바를 범하고 그녀의 남편이자 자신의 부하였던 우리아를 죽이는 범죄를 저질렀음에도 불구하고, 용서받고 목숨을 건질 수 있었던 이유는 그가 나단 선지자의 책망을 듣고 회개했기 때문이었습니다(삼하 12:13). 그리고 다윗의 아들 솔로몬도 왕이 되자마자 "듣는 마음"을 구했고 하나님께서 이를 기뻐하

행함이 있는 믿음

시며 그에게 지혜롭고 총명한 마음을 허락하셨습니다(왕상 3:9-12).

1961년부터 1979년까지 18년 동안 이화여대 총장을 역임하신 김옥길 박사님의 일화는 듣는 마음이 얼마나 중요한지를 우리에게 가르쳐줍니다. 김옥길 박사님은 해방 이후 한국 사회에 여성인권을 신장시키는 일에 크게 기여했고, 문교부 장관까지 지낸 저명한 그리스도인 교육자이자 여성운동가였습니다.

김옥길 박사님이 이화여대 총장으로 재임하던 때의 일입니다. 하루는 직원 한 명이 박사님에게 찾아와 학교의 여러 가지 문제점을 보고했다고 합니다. 당시 이화여대가 워낙 명문 대학으로 명성이 높았던 터라 박사님은 늘 칭찬받는 것에만 익숙했습니다. 그런데 뜻밖에 부정적인 보고를 받게 되자 기분이 매우 언짢았습니다. 그래도 직원의 보고이니 일단 서류를 놓고 가라고 한 후 내용을 면밀히 검토해 보았습니다. 그런데 서류를 자세히 읽어보니 그가 지적한 내용들이 전부 사실이었습니다.

이때 박사님은 큰 충격을 받았습니다. 직원의 말이 사실이라는 것 때문이 아니라 직원의 바른 소리를 듣고 난 후 불쾌한 감정을 가졌던 자신의 모습에 충격을 받았던 것입니다. 박사님은 부하 직원의 충실한 보고를 언짢게 받아들인 자신의 모습을 회개하면서, 바로 그 자리에서 이화여대 총장직을 내려놓기로 결심했습니다. 듣기 불편한 소리에 귀를 기울이지 못했으니 더 이상 총장직을 수행해선 안 된다고 판단했던 것입니다. 얼마 후 김옥길 박사님은 이화여대 총장직에서 내려왔고, 퇴임 이후에도 변함없이 제자들과 여러 사람들에게 존경을 받았습니다.

사람은 누구나 아집에 빠지기 쉬우며, 그로 인해 그릇된 선택을 할 때가 많이 있습니다. 그래서 언제나 우리는 타인의 말에 귀를 기울이며, 그의 생각을 수용할 수 있는 넓은 마음을 가져야 합니다. 연령이 높아지고 인생의 연륜이 쌓일지라도 경청의 태도는 변함없이 견지해야 합니다. 타인의 말을 들을 때 우리는 더 나은 생각을 접할 수 있으며, 더 현명한 선택을 할 수 있습니다. "듣기는 속히 하고"라는 야고보서의 말씀을 기억하며, 다른 사람의 말에 귀를 기울이는 성숙한 신앙인이 되시기를 바랍니다.

'속히 할 것'에 대한 말씀을 마친 후 야고보서는 '더디 할 것'에 대해 말씀합니다. 야고보서가 말씀하는 더디 할 것은 두 가지로서, '말하는 것'과 '성내는 것'입니다.

말은 하나님께서 인간에게 주신 큰 축복입니다. 말은 의사소통을 풍성히 할 수 있도록 해주며, 인간이 문명을 발전시키는 데 가장 큰 원동력이 되었습니다. 그리고 말을 통해 하나님의 말씀이 전달되며, 말을 통해 우리는 하나님께 기도하고 찬양합니다. 더 나아가 말을 통해 복음이 전파되고, 복음을 받아들인 영혼은 말로써 예수 그리스도를 주라 시인하여 구원을 받습니다(롬 10:8-10).

이토록 말은 순기능이 많지만, 그만큼 주의를 기울여 사용해야 하는 것이기도 합니다. 우리가 전하는 말이 누군가를 위로하고 그에게 새 힘을 주기도 하지만, 때로는 누군가의 마음에 상처를 주고 그를 낙담시키기도 하기 때문입니다. 우리는 신중한 언어생활을 해야 합니다. 야고보서가 말씀하고 있듯이 말하는 것을 '더디 해야' 합니다. 한 토막의 짧은 말일지라도 천천히 한 번 더 곱씹으며 말해야 합니다. 잠언 18장 21절은 신중히 말하는 것이 얼마나 중요한지 우리에게 깨닫게 해줍니다.

죽고 사는 것이 혀의 힘에 달렸나니 혀를 쓰기 좋아하는 자는 혀의 열매를 먹으리라(잠 18:21)

또한 야고보서는 '성내는 것을 더디 하라.'고 말씀합니다. 사람들은 누구나 자기 생각대로 세상만사가 돌아가기를 원합니다. 사업을 하는 사람은 자기가 계획한 대로 일이 차질없이 진행되기를 바라며, 직장인들 역시 자신의 계획대로 회사에서 영향력을 행사하고 사람들에게 인정받기를 바랍니다. 부모들은 자신들의 뜻대로 자녀들이 성장하기를 바라고, 자녀들은 부모들이 자신들의 요구를 들어주기를 바랍니다.

그러나 아쉽게도 사람들의 이러한 바람이 바라는 그대로 이루어지는 경우는 거의 없습니다. 그래서 마음에 소원을 품는 것만큼 중요한 것이 그 소원의 결과 앞에서 어떤 자세를 취할 것인가의 문제입니다. 많은 사람들이 자신이 원하는 대로 일이 풀리지 않았을 때 현명하게 대처하기보다 분노하는 모습을 보입니다. 사업이 잘 풀리지 않아 분노하고, 회사에서 인정받지 못해 분노하고, 자녀들이 말을 듣지 않아 분노하고, 부모가 원하는 것을 들어주지 않아 분노합니다. 심지어 어떤 이들은 하나님을 향해 분노하며 원망의 말을 내뱉기도 합니다.

여기서 우리가 기억해야 할 것이 있습니다. 이와 같이 일이 원하는 대로 이루어지지 않은 것으로 인해 쉽게 분노하는 것은 지극히 자기중심적인 마음에서 우러나오는 행위라는 것입니다. 신앙이란 자기중심적인 삶을 하나님 중심적인 삶으로 바꾸는 과정입니다. 그래서 만약 누군가가 그리스도인임에도 불구하고 쉽게 분노하는 모습을 보인다면 그는 아직 자기중심성이 강하게 남아있는 것이고, 따라서 초보적인 신앙에 머물러있는 것입니다. 성숙한 신앙인은 자기가 원하는 대로 일이 풀리지 않는다고 해서 쉽게 분노하지 않습니다. 상황이 마음에 들지 않을지라도 평온을 유지하며 하나님께서 더 좋은 길로 인도하실 것을 믿습니다. 그리고 타인과 환경을 탓하기보다 자신의 부족함을 돌아봅니다.

더불어 야고보서 1장 20절은 성내는 것이 하나님의 의를 이루지 못한다고 말씀합니다.

하나님의 의는 세상과 구별된 하나님의 성품으로 모든 그리스도인들이 이 땅을 사는 동안 추구해야 할 삶의 목표입니다. 따라서 믿음으로 하나님께 의롭다 칭함 받은 그리스도인들은 하나님의 의를 충족시키기 위해 날마다 힘써야 합니다. 그런데 분노는 하나님의 의를 이루지 못한다고 야고보서는 말씀합니다. 그러므로 우리는 분노를 다스림으로 이 땅에서 하나님의 의를 이루고, 하늘에 상급을 쌓아야 합니다. 하나님의 의를 이루고 싶다면 분노를 경계하십시오.

잠언 29장 22절 말씀은 분노의 해악에 대해 다음과 같이 말씀합니다.

노하는 자는 다툼을 일으키고 성내는 자는 범죄함이 많으니라
(잠 29:22)

우리는 그리스도인으로서 분노를 제어하여 하나님의 의를 이루어야 합니다. 분노의 감정이 올라올 때 남을 탓하기보다 자신을 돌아보시기 바랍니다. 나에게 불이익이 생겨서 혹은 내가 불편을 겪게 된 것 때문에 분노가 들끓어오르는 것은 아닌지 곱씹어보시기 바랍니다. 그리고 단 한 번의 분노로 이웃과의 관계가 깨어질 수 있다는 사실을 잊지 마시기 바랍니다. 무엇보다 분노는 하나님께서 원하시는 것이 아님을 기억하시기 바랍니다. 하나님께서는 하나님의 선하신 인도하심을 믿고 분노를 다스리는 사람에게 복에 복을 더하십니다.

'속히 할 것'과 '더디 할 것'에 대한 권면 이후에 야고보서는 '우리를 구원하는 말씀을 온유함으로 받으라.'고 말씀합니다.

그러므로 모든 더러운 것과 넘치는 악을 내버리고 너희 영혼을 능

예수님을 믿는 순간 우리는 이제 새사람이며 거룩한 성령의 전입니다. 그러므로 야고보서 1장 21절에서 말씀하고 있듯이 "모든 더러운 것과 넘치는 악"을 내어 버려야 합니다. 그런 후에 우리를 구원의 길로 인도하는 하나님의 말씀을 마음 깊숙이 받아들여야 합니다. 그런데 말씀은 분노하고 남을 미워하는 마음에는 온전히 심어지지 못합니다. 오직 온유하고 옥토같이 부드러운 마음에 말씀이 깊이 심어집니다. 그러므로 말씀을 받아들일 때 겸손히 마음을 열고 온유함으로 받으시기 바랍니다. 그리할 때 그 말씀이 뿌리를 내리고 우리 심령에 단단히 박혀 풍성한 열매를 맺을 것입니다.

속이는 자가 아니라 행하는 자가 되라

야고보서의 주제는 '행함이 있는 믿음'입니다. 다시 말해, 야고보서는 예수님을 믿어 구원받은 하나님의 자녀가 마땅히 실천해야 할 것들에 대해 말씀하고 있는 책입니다. 야고보서 1장 22절은 이 야고보서의 주제를 직접적으로 언급하는 첫 번째 구절입니다.

> 너희는 말씀을 행하는 자가 되고 듣기만 하여 자신을 속이는 자가
> 되지 말라(약 1:22)

하나님의 자녀에게 주어진 최고의 특권 중 하나는 하나님의 말씀을 받는 것입니다. 그래서 야고보서 1장 21절도 "너희 영혼을 능히 구원할 바 마음에 심어진 말씀을 온유함으로 받으라"라고 말씀합니다. 그런데 말씀을 받는 것은 받는 것에서 끝나지 않습니다. 진정으로 말씀을 받았다면 그 말씀에 따라 살겠다는 결단이 반드시 뒤따르게 됩니다. 말씀을 듣는 것과 말씀대로 행하는 것은 결코 분리될 수 없습니다. 만약 분리가 된다면 그 결과 "자신을 속이는 자"가 된다고 야고보서 1장 22절은 말씀합니다. 진실한 그리스도인이 되고 싶다면 행위가 말씀을 따라가야 합니다. 말씀을 행할 때 하나님과 자신에게 진실할 수 있으며, 하나님의 자녀로서 공고히 설 수 있습니다.

뒤이어 야고보서는 말씀을 듣고 행하는 자와 그렇지 않은 자에 대해 비유를 사용하여 설명합니다.

말씀은 영혼을 비추는 거울과 같습니다. 거울을 보며 얼굴을 가다듬듯이, 그리스도인은 말씀을 보며 영혼을 정돈합니다. 따라서 그리스도인은 말씀을 읽고 묵상함으로 자신의 신앙이 바른 길을 가고 있는지, 그렇지 않는지 점검할 수 있습니다.

야고보서는 말씀을 듣고 행하지 않는 사람은 거울로 자기 얼굴을 본 후 곧바로 잊어버리는 사람과 같다고 말씀합니다. 즉, 말씀을 읽고 영혼을 정돈하고 새로운 삶을 살기로 결단했음에도 불구하고, 뒤돌아서면 이를 망각하고 제멋대로 사는 사람이라는 것입니다. 그러나 말씀을 듣고 행하는 사람은 "자유롭게 하는 온전한 율법", 즉 하나님의 말씀을 보는 데에서 그치지 않고 말씀을 실천하는 데까지 나아가는 사람이라고 말씀합니다. 그리고 이러한 사람은 '복을 받으리라.'고 말씀합니다.

우리는 언제나 말씀을 가까이해야 합니다. 성경을 늘 손에

쥐고 다니며 읽고 묵상하기를 수시로 해야 합니다. 그리고 목회자의 설교와 교회 내의 성경공부를 통해 말씀을 올바르게 배워야 합니다. 그런데 이처럼 말씀을 여러 번 접하며 말씀에 익숙해지는 것도 중요하지만, 무엇보다 우리는 말씀을 실천해야 합니다. 말씀을 보기만 하고 실천하지 않는 것은 야고보서가 말씀하고 있는 것처럼, 거울을 본 이후 자신의 얼굴을 까맣게 잊는 것이나 다름이 없습니다. 말씀을 보며 자신의 신앙을 점검했다면, 필히 세상에 나아가 말씀대로 살아야 합니다.

여호수아서 1장은 모세의 뒤를 이어 이스라엘을 이끌게 된 여호수아를 하나님께서 격려하시는 말씀으로 채워져 있습니다. 그중에서도 1장 8절은 하나님께서 여호수아를 향해 말씀의 중요성을 강조하는 구절입니다.

> 이 율법책을 네 입에서 떠나지 말게 하며 주야로 그것을 묵상하여 그 안에 기록된 대로 다 지켜 행하라 그리하면 네 길이 평탄하게 될 것이며 네가 형통하리라(수 1:8)

이 구절에서 하나님께서는 여호수아에게 "이 율법책을 네 입에서 떠나지 말게 하며 주야로 그것을 묵상하여"라고 말씀하십니다. 그런데 여기서 그치지 아니하시고 "그 안에 기록된 대로 다 지켜 행하라"라는 말씀을 더하십니다. 이를 통해 우리는 하나님께서 여호수아에게 말씀을 읽고 묵상했다면 반드시 행하는 것이 뒤따라야 한다고 명령하셨던 것을 알 수 있습니다. 더 나아가 하나님께서는 여호수아에게 이 명령을 온전히 지킬 때 그의 길이 평탄하게 될 것이며 그가 형통할 것이라고 말씀하셨습니다.

말씀을 보는 것을 넘어 말씀을 실천하는 삶을 사시기 바랍니다. 성경이 말씀하는 참된 신앙인의 모습이 삶 가운데서도 그대로 드러나는 성도님들 되시기 바랍니다. 하나님께서 이러한 삶을 사는 성도의 길을 평탄하게 하고 그의 인생을 형통하게 하실 것입니다.

이제 야고보서는 1장 26-27절을 통해 '말씀을 보는 것에서 그치지 않고 실천으로까지 나아가는 삶', 즉 참된 경건이란 무엇인지에 대해 말씀합니다.

누구든지 스스로 경건하다 생각하며 자기 혀를 재갈 물리지 아니하고 자기 마음을 속이면 이 사람의 경건은 헛것이라(약 1:26)

야고보서 1장 26절은 참된 경건이란 자기 혀를 재갈 물리는 것이라 말씀합니다. 말을 분별력 있게 하라는 말씀입니다. 사람들은 때때로 자신이 의롭다 생각하여 함부로 말을 내뱉곤 합니다. 타인의 잘못에 대해 사사건건 지적하고, 자신의 기준에 따라 타인을 섣불리 판단합니다. 그런데 이처럼 "스스로 경건하다 생각하며" 자신의 의로움에 빠진 사람들은 결코 경건한 사람이 아닙니다. 그들이 아무리 성경을 많이 읽고 기도를 많이 한다 할지라도 정죄와 비난의 말을 제어하지 못한다면, 참된 경건에 이르렀다고 보기 어렵습니다.

진정으로 경건한 사람은 입술을 절제할 줄 압니다. 자신의 생각과 기준에 따라 남을 비방하거나 판단하는 말을 하지 않으며, 말 한마디를 하더라도 그 속에 아집과 편견이 있지는 않은지 곱씹어봅니다. 그리고 늘 겸손한 태도로 자신이 틀릴 수도 있다는 사실을 염두에 두며 신중하게 말합니다. 나아가 무심코 던진 자신의 말로 인해 주변 누군가가 마음의 상처를 입을 수도 있다는 사실을 고려하여, 언제나 말을 삼갑니다. 야고보서는 이와 같이 '자신의 혀를 재갈 물리는' 사람을 경건한 사람이라고 말씀합니다.

하나님 아버지 앞에서 정결하고 더러움이 없는 경건은 곧 고아와 과부를 그 환난중에 돌보고 또 자기를 지켜 세속에 물들지 아니하는 그것이니라(약 1:27)

더불어 야고보서는 '고아와 과부를 돌보고', '자신을 지켜 세속에 물들지 않는 것'이 하나님 앞에서 정결하고 더러움 없는 경건이라고 말씀합니다.

진정으로 경건한 사람은 혼자만의 신앙에 빠져 지내지 않고, 주변의 어려운 이웃들을 그리스도의 사랑으로 돌봅니다. 그래서 야고보서 1장 27절에서도 "고아와 과부를 그 환나중에 돌보고"라고 말씀합니다. 여기서 말씀하는 고아와 과부는 초대교회 당시 가난하고 소외된 이웃들을 대표하는 사람들입니다. 부모의 무한한 사랑을 공급받지 못하고 스스로 세상을 살아갈 힘도 없는 고아는 예나 지금이나 가여운 존재들입니다. 또한 당시 과부는 오늘날의 홀로된 여인과 달리 생계를 스스로 책임지기 어려웠으며, 사람들의 따가운 눈총을 받아야만 했던 외로운 존재였습니다. 그래서 성경은 여러 군데에서 고아와 과부를 불쌍히 여기라고 말씀합니다.

너는 과부나 고아를 해롭게 하지 말라(출 22:22)

네가 네 포도원의 포도를 딴 후에 그 남은 것을 다시 따지 말고 객과

고아와 과부를 위하여 남겨두라(신 24:21)

오늘날에도 고아와 과부처럼 가난하고 어려운 이웃들이 우
리 주변에 많이 있습니다. 현대사회는 과거보다 절대적인 부의
양은 훨씬 늘었을지 모르나 빈부의 격차는 변함없이 존재하며,
오히려 불우한 이웃들의 모습은 더 다양한 형태로 나타납니다.
태어나자마자 부모에게 버려진 아기, 가출 청소년, 독거노인,
노숙인, 사회생활을 홀로 해낼 수 없는 장애인 등의 사회적 약
자들은 여전히 존재합니다. 우리는 이러한 돌봄을 필요로 하는
이웃들에게 손을 내밀어야 합니다. 이들에게 예수 그리스도의
사랑을 전하며, 구제함으로 실질적인 도움을 베풀어야 합니다.

누가 이 세상의 재물을 가지고 형제의 궁핍함을 보고도 도와 줄 마음

을 닫으면 하나님의 사랑이 어찌 그 속에 거하겠느냐 자녀들아 우리

가 말과 혀로만 사랑하지 말고 행함과 진실함으로 하자(요일 3:17-18)

또한 참된 경건은 '자신을 지켜 세속에 물들지 않는 것'입니다. 우리는 하나님 나라의 백성이지만 예수님이 다시 오셔서 만물을 회복하시기 전까지는 죄로 물든 세상을 살아가야 합니다. 그래서 우리는 죄로 가득 찬 세속에서 자신을 지키는 것을 평생의 과업으로 삼아야 합니다. 야고보서는 일평생 우리가 치러야할 이 세속과의 전쟁에서 승리하는 것을 참된 경건이라 말씀합니다.

세속으로부터 자신을 지키는 것은 참으로 어렵습니다. 그것이 어찌나 어려운 일인지 예수님도 세속으로부터 자신의 눈을 지키는 것이 어렵거든 빼어 내버리고, 손을 지키는 것이 어렵거든 찍어 내버리라고 말씀하셨습니다. 그만큼 굳은 의지로 세속의 죄와 싸우라는 말씀입니다.

만일 네 오른 눈이 너로 실족하게 하거든 빼어 내버리라 네 백체 중 하나가 없어지고 온 몸이 지옥에 던져지지 않는 것이 유익하며 또한 만일 네 오른손이 너로 실족하게 하거든 찍어 내버리라 네 백체 중 하나가 없어지고 온 몸이 지옥에 던져지지 않는 것이 유익하니라 (마 5:29-30)

우리는 세속을 살아가면서 죄와 싸워 이겨 거룩함을 지켜나가야 합니다. 이것이 바로 하나님께서 우리를 불러 하나님의 자녀로 삼으신 이유입니다. 우리의 힘과 노력으로는 세속의 죄와 싸워 승리할 수 없습니다. 오직 하나님의 은혜 아래 거할 때 우리는 세속의 죄를 능히 이길 수 있습니다. 예배를 사모하고, 날마다 성령충만을 구하시기 바랍니다. 그리할 때 하나님의 은혜가 우리의 심령에 나날이 채워질 것이며, 세속에서 승리하며 하나님께 영광 돌리는 삶을 살게 될 것입니다.

요약

야고보서 1장은 가장 먼저 시험에 대처하는 성도의 자세에 대해 말씀합니다. 야고보서에 따르면 성도는 시험당할 때 기뻐해야 합니다. 왜냐하면 믿음의 시험은 성도를 인내하게 하고, 그가 인내를 온전히 이룰 때 성숙한 신앙인으로 세워질 수 있기 때문입니다. 또한 야고보서 1장은 '지혜가 부족하거든 하나님께 구하라, 그리하면 후히 주실 것이라.'고 말씀합니다. 더불어 믿음으로 구했다면 의심하지 말고 응답을 기다리라고 말씀합니다. 그리고 야고보서 1장은 낮은 자나 부한 자나 그리스도 안에서 동등하게 존귀한 자들이라고 말씀합니다. 야고보서 1장은 성도가 죄의 유혹을 받는 이유에 대해서도 말씀하는데, 그것은 자신의 욕망 때문입니다. 따라서 성도는 늘 성령으로 충만하여 자신의 욕망을 물리칠 수 있어야 합니다. 끝으로 야고보서 1장은 말씀을 듣는 것에서 그치지 말고 행하라고 말씀합니다. 말씀을 행하는 사람은 듣기를 속히 하며, 말하는 것과 성내는 것을 더디 하며, 주변의 불우한 이웃들을 돌보며, 자신을 지켜 세속에 물들지 않습니다.

묵상

하나님께서는 우리가 믿음을 실천하기 원하십니다. 그러나 믿음의 실천은 결코 쉬운 일이 아닙니다. 그렇다면 우리는 어떻게 해야 믿음을 실천할 수 있을까요? 그리고 믿음의 실천이란 구체적으로 무엇을 의미할까요? 야고보서 1장을 통해 묵상해보시기 바랍니다.

적용

신앙생활을 하는 동안 믿음의 시험은 언제든지 다가옵니다. 그때마다 염려하거나 불평하지 말고, 마음을 지켜 기뻐하고 인내하며 이를 돌파해나가시기 바랍니다. 그리고 믿음의 시험을 온전히 통과할 수 있도록 하나님께 지혜를 구하시기 바랍니다.

2장

행함

살아있는 믿음의
증거

행함
살아있는 믿음의 증거

약 2:1-26

[1] 내 형제들아 영광의 주 곧 우리 주 예수 그리스도에 대한 믿음을 너희가 가졌으니 사람을 차별하여 대하지 말라

[2] 만일 너희 회당에 금 가락지를 끼고 아름다운 옷을 입은 사람이 들어오고 또 남루한 옷을 입은 가난한 사람이 들어올 때에

[3] 너희가 아름다운 옷을 입은 자를 눈여겨 보고 말하되 여기 좋은 자리에 앉으소서 하고 또 가난한 자에게 말하되 너는 거기 서 있든지 내 발등상 아래에 앉으라 하면

[4] 너희끼리 서로 차별하며 악한 생각으로 판단하는 자가 되는 것이 아니냐

[5] 내 사랑하는 형제들아 들을지어다 하나님이 세상에서 가난한 자를 택하사 믿음에 부요하게 하시고 또 자기를 사랑하는 자들에게 약속하신 나라를 상속으로 받게 하지 아니하셨느냐

[6] 너희는 도리어 가난한 자를 업신여겼도다 부자는 너희를 억압하며 법정으로 끌고 가지 아니하느냐

[7] 그들은 너희에게 대하여 일컫는 바 그 아름다운 이름을 비방하지 아니하느냐

[8] 너희가 만일 성경에 기록된 대로 네 이웃 사랑하기를 네 몸과 같이 하라 하신 최고의 법을 지키면 잘하는 것이거니와

[9] 만일 너희가 사람을 차별하여 대하면 죄를 짓는 것이니 율법이 너희를 범법자로 정죄하리라

[10] 누구든지 온 율법을 지키다가 그 하나를 범하면 모두 범한 자가 되나니

[11] 간음하지 말라 하신 이가 또한 살인하지 말라 하셨은즉 네가 비록 간음하지 아니하

여도 살인하면 율법을 범한 자가 되느니라

¹²너희는 자유의 율법대로 심판 받을 자처럼 말도 하고 행하기도 하라

¹³긍휼을 행하지 아니하는 자에게는 긍휼 없는 심판이 있으리라 긍휼은 심판을 이기고 자랑하느니라

¹⁴내 형제들아 만일 사람이 믿음이 있노라 하고 행함이 없으면 무슨 유익이 있으리요 그 믿음이 능히 자기를 구원하겠느냐

¹⁵만일 형제나 자매가 헐벗고 일용할 양식이 없는데

¹⁶너희 중에 누구든지 그에게 이르되 평안히 가라, 덥게 하라, 배부르게 하라 하며 그 몸에 쓸 것을 주지 아니하면 무슨 유익이 있으리요

¹⁷이와 같이 행함이 없는 믿음은 그 자체가 죽은 것이라

¹⁸어떤 사람은 말하기를 너는 믿음이 있고 나는 행함이 있으니 행함이 없는 네 믿음을 내게 보이라 나는 행함으로 내 믿음을 네게 보이리라 하리라

¹⁹네가 하나님은 한 분이신 줄을 믿느냐 잘하는도다 귀신들도 믿고 떠느니라

²⁰아아 허탄한 사람아 행함이 없는 믿음이 헛것인 줄을 알고자 하느냐

²¹우리 조상 아브라함이 그 아들 이삭을 제단에 바칠 때에 행함으로 의롭다 하심을 받은 것이 아니냐

²²네가 보거니와 믿음이 그의 행함과 함께 일하고 행함으로 믿음이 온전하게 되었느니라

²³이에 성경에 이른 바 아브라함이 하나님을 믿으니 이것을 의로 여기셨다는 말씀이 이루어졌고 그는 하나님의 벗이라 칭함을 받았나니

²⁴이로 보건대 사람이 행함으로 의롭다 하심을 받고 믿음으로만은 아니니라

²⁵또 이와 같이 기생 라합이 사자들을 접대하여 다른 길로 나가게 할 때에 행함으로 의롭다 하심을 받은 것이 아니냐

²⁶영혼 없는 몸이 죽은 것 같이 행함이 없는 믿음은 죽은 것이니라

야고보서 1장에 이어 2장은 야고보서의 주제인 '행함이 있는 믿음'을 한층 더 강조하고 있습니다. 1장에서 말씀을 듣고도 행하지 않는 사람을 "자신을 속이는 자"(약1:22), '거울로 자기 얼굴을 본 후 곧 잊어버리는 자'(약1:23-24)라고 표현했다면, 2장에서는 행함이 없는 믿음을 "죽은 것"(약2:17), "헛것"(약2:20)이라고 표현함으로써 행함이 없는 믿음에 대해 보다 더 엄중히 경고하고 있습니다. 그렇다면 2장에서 말하는 행함이 있는 믿음이란 무엇인지 또한 행함이 없는 믿음이란 어떤 믿음인지 구체적으로 살펴보고자 합니다.

사람을 차별하여 대하지 말라

먼저 야고보서는 사람을 차별하지 말라고 말씀하고 있습니다.

> 내 형제들아 영광의 주 곧 우리 주 예수 그리스도에 대한 믿음을 너희가 가졌으니 사람을 차별하여 대하지 말라(약 2:1)

사람은 자기 자신이 모든 것의 기준이 되는 경우가 많습니다. 그래서 자신과 생각이 같은 사람들은 옳고 자신과 생각이 다른 사람들은 잘못되었다고 생각하는 경향이 있습니다. 내 판단과 기준이 가장 옳다고 생각하기 때문에, 상대방의 판단과 기준이 나와 다를 경우 그것을 인정하지 않으려고 합니다.

그러나 다름과 틀림은 별개의 문제입니다. 상대방이 나와 다르다고 해서 그 사람이 틀린 것이 아닙니다. '나와 다르면 틀린 거야.'라는 생각에서 많은 문제가 생겨납니다. 오늘날 우리 사회에 만연해있는 보수와 진보 간의 정치적 갈등, 지역 갈등, 계층 갈등, 노사 갈등, 남녀 갈등 역시 상대방과 나와의 '차이'를 '다름'이 아닌 '틀림'으로 생각하기 때문에 일어나는 문제들입니다. 차별의 문제도 마찬가지입니다. 서로 간의 차이를 틀림으로 생각하는 데서 차별이 시작됩니다. 그러므로 서로 간의 차이를 틀림이 아닌 다름으로 인정하고 서로 이해하고 관용의 정신을 발휘해야 이러한 문제들을 해결할 수 있습니다.

그런데 야고보서 2장 1절은 우리가 사람을 차별하지 말아야 할 이유에 대해 이렇게 말씀합니다. "영광의 주 곧 우리 주 예수 그리스도에 대한 믿음을 너희가 가졌으니" 우리가 믿고 섬기고 따르는 예수님은 한 번도 사람을 차별하신 적이 없으십니다. 예수님은 사람들이 멀리하는 세리 삭개오, 남편이 다섯 명 있었던 수가 성의 여인, 열두 해 동안 혈루증을 앓은 여인, 맹인 거지 바디매오 등과 같은 사람들을 차별하시기는커녕 더 가까이하셨습니다. 그래서 "세리와 죄인의 친구"(눅 7:34)라는 별명을 얻으셨으며, 예수님에 대해 적대적인 바리새인의 제자들과 헤롯 당원들로부터도 "당신은 참되시고 진리로 하나님의 도를 가르치시며 아무도 꺼리는 일이 없으시니 이는 사람을 외모로 보지 아니하심이니이다"(마 22:16)라는 말을 들으실 정도였습니다.

더 나아가 예수님은 부유한 자나 가난한 자나, 높은 자나 낮은 자나, 배운 자나 배우지 못한 자나, 나이 든 자나 어린 자나 차별하지 않으시고 이 모든 사람을 위해 십자가에서 몸을 찢기시고 피를 흘리시며 돌아가셨습니다. 예수님의 구속 사역에는 차별이 없기 때문입니다. 따라서 이러한 예수님에 대한 믿음을 가진 우리들은 사람을 차별해서는 안 됩니다. 만약 예수님을 믿는다고 말하면서도 사람을 차별한다면 이것이야말로 야고보서가 엄중히 꾸짖는 행함이 없는 믿음인 것입니다.

특별히 믿음의 공동체인 교회 내에서 많이 가진 사람이 많이 가지지 못한 사람을, 높은 지위에 있는 사람이 낮은 지위에 있는 사람을, 배운 사람이 배우지 못한 사람을 무시하거나 업신여기거나 차별해서는 안 됩니다. 그런데 안타깝게도 이러한 차별

이 당시 기독교 공동체 내에서 일어나고 있었습니다. 야고보서
는 이러한 차별의 실례를 다음과 같이 말씀하고 있습니다.

> 만일 너희 회당에 금 가락지를 끼고 아름다운 옷을 입은 사람이 들
> 어오고 또 남루한 옷을 입은 가난한 사람이 들어올 때에 너희가 아
> 름다운 옷을 입은 자를 눈여겨 보고 말하되 여기 좋은 자리에 앉으
> 소서 하고 또 가난한 자에게 말하되 너는 거기 서 있든지 내 발등상
> 아래에 앉으라 하면 너희끼리 서로 차별하며 악한 생각으로 판단하
> 는 자가 되는 것이 아니냐(약 2:2-4)

교회에 금반지를 끼고 화려하게 잘 차려입은 사람과 허름하
고 남루한 차림의 가난한 사람이 들어왔다고 생각해보십시오.
만약 사람들이 화려한 옷을 입은 사람에게만 주목하여 "여기
좋은 자리에 앉으세요."라며 친절하게 대하고, 가난한 사람에
게는 "거기 서 있든지 내 발치에 앉든지 아무 데나 가서 앉으시
오."라며 퉁명스럽게 대한다면, 이는 차별하는 것이며 악한 생
각으로 판단하는 것이라는 말씀입니다. 차별은 하나님 보시기
에 명백히 악한 것이라는 말씀입니다.
따라서 믿음의 공동체 내에서는 차별이 있어서는 안 됩니다.

교회 내에서는 차별이 아닌 서로에 대한 배려가 있어야 합니다. 가진 사람은 가지지 못한 사람을, 배운 사람은 배우지 못한 사람을, 건강한 사람은 건강하지 못한 사람을, 지위가 높은 사람은 지위가 낮은 사람을, 권력을 가진 사람은 권력을 가지지 못한 사람을 배려해야 합니다. 권력을 가진 사람의 경우, 권력이 있다고 마구 휘두르면 그것이 나중에 부메랑이 되어 돌아옵니다. 언젠가 권력을 내려놓을 때 큰 어려움을 당하게 되는 것입니다. 그래서 우리는 늘 약자, 어려운 자, 병든 자, 장애가 있는 자들에게 관심을 가져야 하고 이들을 사랑으로 보살펴야 합니다. 적어도 교회 내에서만은 차별이 없어야 합니다.

미국에서 흑인들이 노골적으로 차별받던 시절의 이야기입니다. 한 흑인 성도가 출장을 갔다가 주일이 되어 예배드리기 위해 근처에 있는 교회에 들어갔습니다. 그런데 교회 안내원이 "못 들어옵니다. 이 교회는 백인밖에 못 들어옵니다."라며 입구에서 막는 것이었습니다. 그 지역은 백인우월주의가 강한 곳이라 백인들은 흑인들과 예배를 같이 드리지 않았기 때문입니다. 결국 이 흑인 성도는 예배드릴 교회를 찾지 못하고 교회 담 옆에 서서 울면서 이렇게 기도했습니다. "주님, 오늘 예배드리려고 왔는데 흑인이라고 교회에 못 들어가게 해서 예배를 못 드리고 이렇게 서서 울고만 있습니다." 그런데 그때 주님이 나타나셔서 이렇게 말씀하셨다고 합니다. "슬퍼하지 마라. 나도 못 들어가고 있다."

스코틀랜드 목회자 고든 케디 목사님의 말씀입니다.

"우리가 만일 사람을 평가할 때에 은혜로운 자보다 돈 있는 자를 더 낮게 보거나 겸손보다 명성을 높이 쳐준다면, 외적인 공로 이외에 아무것도 고려하지 않는 부패한 재판관과 무엇이 다르겠는가? 같은 구원을 받은 믿음의 형제들을 차별하는 사람은 복음 자체를 밀어내는 사람이다. 복음은 개인의 경제적 수준과 상관없이 죄인들을 향한 하나님의 값없는 은혜의 부름이다. 그러므로 은혜로 구원받은 교인끼리 높낮이를 따지는 것은 무익한 가치들을 기준으로 삼는 어리석은 저울질이다. 그리스도인들은 다른 신자들을 볼 때 동일한 은혜로써 구원받은 형제들이라는 사실을 명심하고 차별하지 말아야 한다."

그렇습니다. 우리 그리스도인들이 왜 차별하지 말아야 합니까? 예수님이 바로 그 사람을 위해서도 십자가에 달려 돌아가셨기 때문입니다. 주님 보시기에는 다 똑같은 하나님의 자녀들

 행함이 있는 믿음

이기 때문입니다. 그러므로 내가 가진 것이 많다고 해서, 배운 것이 많다고 해서, 높은 자리에 있다고 해서, 나보다 못한 사람들을 내려다보고 차별하면 안 됩니다. 만약 그렇게 한다면 이는 부패한 세상 사람들과 다를 바 없는 행동이며, 복음 자체를 밀어내는 것이요, 하나님의 값없는 은혜의 부름을 무시하는 것입니다.

가난한 자를 차별해서는 안 되는 이유

계속해서 야고보서는 가난한 자를 차별해서는 안 되는 이유를 다음과 같이 말씀하고 있습니다.

> 내 사랑하는 형제들아 들을지어다 하나님이 세상에서 가난한 자를 택하사 믿음에 부요하게 하시고 또 자기를 사랑하는 자들에게 약속하신 나라를 상속으로 받게 하지 아니하셨느냐(약 2:5)

세상의 관점에서 볼 때 가난한 자는 보잘것없는 약자입니다. 그러나 하나님의 관점에서는 다릅니다. 하나님께서는 가난한 자들에게 깊은 관심을 가지시고 이들을 택하셔서 믿음에 부요하게 하시고 하나님 나라의 상속자가 되게 하셨습니다. 성경은 가난한 자에게 주어지는 하나님 나라의 복에 대해 다음과 같이 말씀합니다.

> 너희 가난한 자는 복이 있나니 하나님의 나라가 너희 것임이요
> (눅 6:20)

가진 것이 없는 사람들은 가진 것이 많은 사람보다 하나님을 더 의지하기 쉽습니다. 따라서 이들은 믿음에 부요한 자가 되기 쉬우며 그 결과 하나님 나라를 상속으로 받게 되는 것입니다. 또한 하나님께서는 세상의 강한 자들 대신에 약한 자들을 택하셨습니다.

> 형제들아 너희를 부르심을 보라 육체를 따라 지혜로운 자가 많지 아니하며 능한 자가 많지 아니하며 문벌 좋은 자가 많지 아니하도다 그러나 하나님께서 세상의 미련한 것들을 택하사 지혜 있는 자들을 부끄럽게 하려 하시고 세상의 약한 것들을 택하사 강한 것들을 부끄럽게 하려 하시며 하나님께서 세상의 천한 것들과 멸시 받는 것들과 없는 것들을 택하사 있는 것들을 폐하려 하시나니(고전 1:26-28)

우리가 가난하고 약하고 소외된 자들을 차별하지 말아야 하는 이유는 하나님께서 이들에게 특별한 관심을 가지시기 때문입니다. 하나님께서는 이 세상의 미련한 자, 약한 자, 천한 자, 멸시받는 자, 없는 자들을 친히 택하시고 이들에게 하나님 나라를 유업으로 주시기를 기뻐하시기 때문입니다.

그런데 가난한 자에 대한 하나님의 관점과는 달리 당시 그리스도인 중에는 가난한 자를 업신여기는 사람들이 있었습니다. 이에 대해 야고보서는 다음과 같이 지적합니다.

너희는 도리어 가난한 자를 업신여겼도다 부자는 너희를 억압하며 법정으로 끌고 가지 아니하느냐 그들은 너희에게 대하여 일컫는 바 그 아름다운 이름을 비방하지 아니하느냐(약 2:6-7)

당시 부자들은 대체로 사람들을 경제적으로 착취하고 가난한 자들이 빚을 갚지 못할 때 법정으로 끌고 가는 무자비한 사람들이었습니다. 또한 예수 그리스도의 이름을 비방하고 복음을 훼방하는 등 종교적인 억압을 하는 교만한 사람들이었습니다. 그렇기 때문에 그리스도인들이 자신들을 억압하는 부자들을 떠받들면서 정작 자신들에게 아무런 해를 주지 않는 가난한 자들을 멸시하는 것은 어리석고 비굴하기 짝이 없는 행동이었습니다. 야고보서는 이러한 어리석음과 비굴함을 책망하고 있는 것입니다. 구약성경에서도 가난한 자들을 멸시하는 자들에 대해 다음과 같이 책망하고 있습니다.

가난한 자를 조롱하는 자는 그를 지으신 주를 멸시하는 자요
(잠 17:5)

5절부터 7절까지는 부자를 편애하고 가난한 자를 차별하면 안 되는 이유를 두 가지로 말했습니다. 첫째, 가난한 자를 차별하는 것은 하나님의 성품과 반대되기 때문이며, 둘째, 부자는 그리스도인들을 경제적으로, 종교적으로 억압하는 자이기 때문입니다. 이어서 8절부터는 율법 차원에서 차별 문제를 이야기하고 있습니다. 사람을 차별해서는 안 되는 이유는 차별은 이웃을 사랑하라는 계명을 어기는 것이기 때문이라는 말씀입니다.

너희가 만일 성경에 기록된 대로 네 이웃 사랑하기를 네 몸과 같이 하라 하신 최고의 법을 지키면 잘하는 것이거니와 만일 너희가 사

성경은 이웃 사랑에 대해 다음과 같이 강조하고 있습니다.

이처럼 이웃 사랑은 신구약성경이 모두 강조하는 최고의 법
이며 율법의 기본 정신입니다. 따라서 사람을 차별하지 않고 사
랑하는 것은 이웃을 네 몸같이 사랑하라는 최고의 법을 지키는
일입니다. 반대로 외형적인 조건에 따라 사람을 차별하는 것은
최고의 법을 어기는 범법자가 되는 것입니다.

그런데 율법은 하나만 어겨도 율법 전체를 범하는 범법자가 됩니다. 아무리 율법의 다른 모든 계명을 지켰다고 해도 한 가지 계명을 지키지 않으면 율법을 범한 것이 됩니다. 간음하지 말라는 계명을 지켜도 살인하지 말라는 계명을 어기면 율법을 범한 것입니다. 마찬가지로 다른 모든 계명을 지켰다고 해도 사람을 차별함으로써 이웃 사랑의 계명을 어긴다면 간음죄나 살인죄처럼 율법을 범한 것입니다. 사람들은 죄의 경중을 따지지만 하나님 앞에서는 간음죄나 살인죄나 이웃을 차별하는 죄나 다 같은 죄입니다.

더 나아가 야고보서는 "자유의 율법대로 심판 받을 자처럼 말도 하고 행하기도 하라"라고 말씀합니다. 예수 그리스도의 십자가 대속 사건으로 인해 우리 그리스도인들은 은혜 아래 사는 자들이요, 율법으로부터 자유로운 자들이 되었습니다. 하지만 율법으로부터 자유롭게 되었다고 해서 우리 마음대로 살아도 되는 것은 아닙니다. 이전에는 율법의 형식에 매어 살았다면, 이제는 율법의 기본 정신을 따라 보다 높은 차원의 삶을 살아야 합니다.

예수님은 율법을 폐하러 오신 것이 아니라 완전하게 하기 위해 오셨습니다(마 5:17). 그러므로 우리는 단순히 형제를 살인하지 말라는 율법을 지키는 데 머물러서는 안 됩니다. 우리의 마음을 살펴 형제에게 노하거나 욕을 하지 않고(마 5:21-22), 형제를 미워하지 않고(요일 3:15), 야고보서에서 강조하는 대로 형제를 차별하지 않는 차원까지 나아가야 합니다. 이것이 자유의 율법대로 사는 삶이요, 우리에게 주신 자유를 '사랑으로 서로 종 노릇 하는 기회'로 삼는 삶입니다.

> 형제들아 너희가 자유를 위하여 부르심을 입었으나 그러나 그 자유로 육체의 기회를 삼지 말고 오직 사랑으로 서로 종 노릇 하라 온 율법은 네 이웃 사랑하기를 네 자신 같이 하라 하신 한 말씀에서 이루어졌나니(갈 5:13-14)

> 긍휼을 행하지 아니하는 자에게는 긍휼 없는 심판이 있으리라 긍휼은 심판을 이기고 자랑하느니라(약 2:13)

13절은 "긍휼히 여기는 자는 복이 있나니 그들이 긍휼히 여김을 받을 것임이요"(마 5:7)라는 예수님의 말씀과 같은 맥락의 말씀으로, 마태복음 18장에 나오는 만 달란트 빚을 탕감받은 종의 이야기를 떠오르게 합니다. 그는 주인으로부터 만 달란트라는 엄청난 빚을 탕감받고도 자신에게 백 데나리온 빚진 동료를 옥에 가두었습니다. 긍휼을 받고도 긍휼을 베풀지 않은 것입니다. 그러자 이 사실을 알게 된 주인은 빚 탕감을 취소하고 그 종을 옥에 가둡니다. 그 종은 긍휼을 행하지 않아 '긍휼 없는 심판'을 받게 된 것입니다.

이에 주인이 그를 불러다가 말하되 악한 종아 네가 빌기에 내가 네 빚을 전부 탕감하여 주었거늘 내가 너를 불쌍히 여김과 같이 너도 네 동료를 불쌍히 여김이 마땅하지 아니하냐 하고 주인이 노하여 그 빚을 다 갚도록 그를 옥졸들에게 넘기니라(마 18:32-34)

반대로 긍휼을 베푸는 자에게는 소망이 있습니다. "긍휼은 심판을 이기고 자랑하느니라" 사람을 차별하지 않고 긍휼을 베푸는 자는 하나님의 심판대 앞에 섰을 때 하나님의 긍휼을 입을 것입니다. 예수님은 마태복음 25장의 양과 염소의 비유에서 오른편에 있는 자들에게 이 땅에서 아무도 거들떠보지 않는 지극히 작은 자에게 긍휼을 베푼 것이 예수님에게 긍휼을 베푼 것이나 다름없다고 말씀하십니다. 아울러 이와 같이 긍휼을 베푼 자들은 장차 심판대 앞에 섰을 때 창세로부터 예비된 나라를 상속받는 영광을 누리게 될 것이라고 약속하십니다.

그 오른편에 있는 자들에게 이르시되 내 아버지께 복 받을 자들이여 나아와 창세로부터 너희를 위하여 예비된 나라를 상속받으라 내가 주릴 때에 너희가 먹을 것을 주었고 목마를 때에 마시게 하였고 나그네 되었을 때에 영접하였고 헐벗었을 때에 옷을 입혔고 병들었을 때에 돌보았고 옥에 갇혔을 때에 와서 보았느니라 … 내가 진실로 너희에게 이르노니 너희가 여기 내 형제 중에 지극히 작은 자 하나에게 한 것이 곧 내게 한 것이니라(마 25:34-40)

믿음이 있노라 하고 행함이 없으면

내 형제들아 만일 사람이 믿음이 있노라 하고 행함이 없으면 무슨 유익이 있으리요 그 믿음이 능히 자기를 구원하겠느냐(약 2:14)

14절은 행함이 없는 믿음으로 구원을 받을 수 있겠느냐고 묻

습니다. 그만큼 행함을 강조하고 있는 것입니다. 그러면서 행함
이 없는 믿음의 실례를 다음과 같이 말씀하고 있습니다.

"평안히 가라, 덥게 하라, 배부르게 하라"라는 16절 말씀처
럼 사실 말로는 무엇이든 못할 것이 없습니다. 그 말의 진정성
은 행동으로 표현될 때에야 입증됩니다. 예를 들어, 교회 내 한
형제가 회사에서 해고되는 바람에 몇 달째 수입이 없고 제대로
먹지 못해 얼굴이 홀쭉하게 여위었다고 생각해보십시오. 이때
"참 힘드시겠네요.", "용기 내세요.", "뭐 맛있는 것 좀 사다 잡
수세요."라고 말만 한다면 소위 불난 집에 부채질하는 것과 다
를 바 없습니다. 그럴 때는 함께 나눠 먹자며 맛있는 라면 한 박
스라도 가져다주어야 합니다. 또한 추위에 덜덜 떨고 있는 사람
에게 "날씨가 이렇게 추운데 옷 좀 잘 입고 다니세요."라고 말
하기보다는 자신이 안 입는 옷 한 벌이라도 가져다주어야 합니

다. 이것이 행함이 있는 믿음입니다. 말로만 백 번 이야기해보아야 소용없습니다. 행함과 진실함으로 우리의 믿음과 사랑을 보여주어야 합니다.

> 자녀들아 우리가 말과 혀로만 사랑하지 말고 행함과 진실함으로 하자(요일 3:18)

앞에서 언급한 마태복음 25장의 양과 염소의 비유에서도 예수님의 왼편에 있는 자들은 이 땅에서 도움이 절실한 사람들의 요청을 외면한 자들이었습니다. 주님은 이들에게 그들이 요청을 외면한 것이 곧 예수님의 요청을 외면한 것이라며 다음과 같이 책망하십니다.

> 내가 주릴 때에 너희가 먹을 것을 주지 아니하였고 목마를 때에 마시게 하지 아니하였고 나그네 되었을 때에 영접하지 아니하였고 헐벗었을 때에 옷 입히지 아니하였고 병들었을 때와 옥에 갇혔을 때에 돌보지 아니하였느니라 … 이 지극히 작은 자 하나에게 하지 아니한 것이 곧 내게 하지 아니한 것이니라(마 25:42-45)

예수님은 친히 우리의 모범이 되어주셨습니다. 예수님은 말로만 우리를 사랑하지 않으셨습니다. 하늘 영광 버리시고 이 땅에 오셔서 주린 자를 먹이시고, 병든 자를 고치시고, 소외되고 버림받은 자들의 친구가 되어주셨으며 급기야 십자가에서 자신의 생명을 내어주시면서까지 우리를 향한 사랑을 확증하셨습니다.

> 우리가 아직 죄인 되었을 때에 그리스도께서 우리를 위하여 죽으심으로 하나님께서 우리에 대한 자기의 사랑을 확증하셨느니라
>
> (롬 5:8)

이러한 예수님의 사랑은 희생입니다. 대가를 바라지 않는 사랑입니다. 결국 행함이 있는 믿음이란 사랑을 실천하는 삶이고 그 사랑은 대가를 바라지 않는 사랑, 즉 희생을 의미합니다. 아내가 남편을 진정으로 사랑하면 남편에게 밥 해주는 수고를 기쁨으로 생각합니다. '왜 밤낮 우리 집에서 내가 밥을 해야 하나. 남편은 설거지 한 번도 안 해주나.'라고 생각하지 않습니다. 정성껏 차린 밥을 남편이 맛있게 먹어주기만 해도 기뻐합니다.

제가 워싱톤순복음제일교회에서 사역할 때 음식 솜씨가 아

주 좋은 집사님이 있었습니다. 이분의 손맛이 얼마나 뛰어난지, 교회에서 다 같이 김장할 때 똑같은 재료를 넣고 똑같이 버무리는데도 이분이 담그는 김치가 유독 맛있었습니다. 이분의 남편이 입맛이 아주 까다로운 분인데, 남편 입맛에 맞추느라 이 반찬 저 반찬 만들며 열심히 연구하고 수고하다 보니 교회에서 제일 음식을 잘하는 집사님이 된 것입니다.

이처럼 가정에서 주부가 음식을 정성껏 맛있게 하는 것도 사랑을 실천하는 것입니다. 매번 "사랑한다, 사랑한다." 말하면서 밤낮 식은 음식을 데워서 식탁에 내놓는다면 진정한 사랑이라고 말할 수 없을 것입니다. 믿음은 행위를 동반합니다. 아름다운 사랑의 행위가 같이 들어갈 때 온전한 믿음, 진정한 믿음이 되는 것입니다.

> 어떤 사람은 말하기를 너는 믿음이 있고 나는 행함이 있으니 행함이 없는 네 믿음을 내게 보이라 나는 행함으로 내 믿음을 네게 보이리라 하리라 네가 하나님은 한 분이신 줄을 믿느냐 잘하는도다 귀신들도 믿고 떠느니라 아아 허탄한 사람아 행함이 없는 믿음이 헛것인 줄을 알고자 하느냐(약 2:18-20)

계속해서 야고보서는 믿음과 행위를 분리해서 생각하는 사람들을 질책합니다. 이들은 믿음과 행위를 별개의 것으로 여기면서 행함이 없는 자신들의 믿음을 정당화시키고 있습니다. 이에 대해 야고보서는 그들의 행함 없는 믿음을 귀신들의 믿음과 비교하고 있습니다. 예수님이 이 땅에서 사역하실 때 귀신들도 예수님을 하나님의 아들로 믿고 두려워했습니다.

마침 그들의 회당에 더러운 귀신 들린 사람이 있어 소리 질러 이르되 나사렛 예수여 우리가 당신과 무슨 상관이 있나이까 우리를 멸하러 왔나이까 나는 당신이 누구인 줄 아노니 하나님의 거룩한 자니이다 (막 1:23-24)

더러운 귀신들도 어느 때든지 예수를 보면 그 앞에 엎드려 부르짖어 이르되 당신은 하나님의 아들이니이다 하니(막 3:11)

그러므로 하나님을 믿는다고 하면서도 행함이 뒤따르지 않는다면, 하나님의 존재를 알고 있으면서도 하나님의 뜻에 불순종하는 귀신들과 다를 것이 무엇인지 생각해보아야 합니다. 이와 같이 행함 없이 지식에만 머무는 믿음은 공허합니다.

믿음은 행함과 함께 일하고

우리는 오직 믿음으로 구원을 받지만, 우리의 믿음이 온전한 믿음이 되기 위해서는 행함이 반드시 뒤따라야 합니다. 하나님을 믿는다고 하면서 하나님의 말씀에 순종하지 않으면 온전한 믿음을 소유했다고 할 수 없습니다. 야고보서는 행함이 뒤따르는 믿음의 예로 먼저 아브라함을 들고 있습니다.

우리 조상 아브라함이 그 아들 이삭을 제단에 바칠 때에 행함으로 의롭다 하심을 받은 것이 아니냐 네가 보거니와 믿음이 그의 행함과 함께 일하고 행함으로 믿음이 온전하게 되었느니라 이에 성경에 이른 바 아브라함이 하나님을 믿으니 이것을 의로 여기셨다는 말씀이 이루어졌고 그는 하나님의 벗이라 칭함을 받았나니(약 2:21-23)

아브라함은 75세 때 하나님의 말씀에 순종해서 고향을 떠나 가나안 땅으로 왔습니다. 그리고 85세 때 하늘의 수많은 별들을 보여주시면서 "네 자손이 이와 같으리라."라고 하신 하나님의 약속을 믿음으로써 의롭다는 인정을 받았습니다.

그를 이끌고 밖으로 나가 이르시되 하늘을 우러러 뭇별을 셀 수 있나 보라 또 그에게 이르시되 네 자손이 이와 같으리라 아브람이 야훼를 믿으니 야훼께서 이를 그의 의로 여기시고(창 15:5-6)

이후 15년이 지난 100세 때 아브라함은 독자 이삭을 얻었고, 이삭이 어느 정도 장성했을 때 이삭을 바치라는 하나님의 명령을 받았습니다. 청천벽력 같은 명령 앞에서도 아브라함은 아무 말 하지 않고 아침 일찍 일어나 이삭을 데리고 삼 일 길을 갔습니다.

야훼께서 이르시되 네 아들 네 사랑하는 독자 이삭을 데리고 모리아 땅으로 가서 내가 네게 일러 준 한 산 거기서 그를 번제로 드리라 아 브라함이 아침에 일찍이 일어나 나귀에 안장을 지우고 두 종과 그의 아들 이삭을 데리고 번제에 쓸 나무를 쪼개어 가지고 떠나 하나님이 자기에게 일러 주신 곳으로 가더니(창 22:2-3)

번제는 제물로 쓰이는 짐승을 죽이고 각을 떠서, 즉 팔과 다 리 등을 잘라 불로 태워 드리는 제사입니다. 자신의 몸에서 난 아들을 그것도 백 세에 낳은, 눈에 넣어도 아프지 않는 아들을 각을 떠서 제물로 바친다는 것은 아버지로서는 상상할 수 없는 일입니다. 저 같으면 자고 있는 아들을 깨워서 "도망가! 따라오면 죽게 돼! 어서 도망가!"라고 할 것 같습니다.

아브라함은 걷잡을 수 없이 터져 나오는 눈물을 참으며 이삭과 함께 삼 일 길을 묵묵히 걸어갔습니다. 그 삼 일 동안 이삭은 이미 아브라함의 마음에서 죽어있었다고 할 수 있습니다. 그런데 놀랍게도 아브라함이 모리아 산에 도착하여 아들을 결박한 후 죽이려고 칼을 드는 순간 하늘에서 "그 아이에게 네 손을 대지 말라!"라는 음성이 들렸습니다.

야훼의 사자가 하늘에서부터 그를 불러 이르시되 아브라함아 아브라함아 하시는지라 아브라함이 이르되 내가 여기 있나이다 하매 사자가 이르시되 그 아이에게 네 손을 대지 말라 그에게 아무 일도 하지 말라 네가 네 아들 네 독자까지도 내게 아끼지 아니하였으니 내가 이제야 네가 하나님을 경외하는 줄을 아노라(창 22:11-12)

사실 이삭을 바치라는 명령을 받았을 때 그리고 이후 삼 일 동안 아브라함은 이미 아들 이삭을 그 마음에서 내려놓았습니다. 이러한 아브라함의 마음과 순종을 지켜보신 하나님께서는 번제로 드릴 다른 양을 예비하시고 "내가 이제야 네가 하나님을 경외하는 줄을 아노라!" 하고 그의 믿음을 인정하신 것입니다.

여기에 아브라함의 위대함이 있습니다. 아브라함은 자신에게 가장 소중한 것, '절대 이것만큼은 내려놓지 못하겠습니다!' 하는 바로 그것을 내려놓는 믿음을 보였습니다. 그렇게 했을 때 하나님의 인정을 받고 '하나님의 벗'이라는 칭함을 받은 것입니다.

우리가 가장 내려놓지 못하는 것이 무엇일까요? 자존심입니다. 이 자존심 때문에 누가 날 무시하면 못 견디고 분노하는 것입니다. 자다가도 벌떡 깨서 '두고 보자.'라며 복수의 칼을 가는 것입니다. 정치를 보면 역사는 늘 반복된다는 것을 느끼게 됩니다. 힘을 가진 사람과 못 가진 사람이 엎치락뒤치락하며 매번 바뀌고 그때마다 정치 보복이 반복됩니다. 따라서 권력을 가진 사람들은 역사를 통해서 배워야 합니다. 지금 권력을 갖고 있다고 해도 언젠가 이 권력을 내려놓을 수 있으며, 그러기 때문에 보복의 악순환을 반복하기보다는 사랑과 용서로 악순환의 고리를 끊고 상대방을 끌어안아야 한다는 것을 알아야 합니다.

그런 의미에서 저는 남아공의 넬슨 만델라 대통령을 존경합니다. 그는 무기징역을 선고받고 26년 동안 감옥에 있다가 1990년에 출옥하여 1994년에 남아공 최초의 흑인 대통령이 되었습니다. 많은 사람들은 그가 대통령이 되면 자신을 감옥에 넣고 고통을 준 사람들에게 정치 보복을 할 것이라고 예상했습니다. 그러나 그는 그렇게 하지 않았습니다. 진실과 화해 위원회(TRC)를 만들어 과거의 잘못에 대해서는 진상 규명을 철저히 하여 죄를 물었지만, 그다음에는 전원 사면해 주었습니다. 한 명도 복수하지 않고 다 용서해 주었습니다. 그러한 관대한 마음에 세계가 감동했고 그는 역사에 길이 남는 위대한 지도자가 되었습니다.

아브라함은 창세기 15장에서 하나님의 약속을 믿는 믿음으로 이미 의롭다 하심을 받았습니다. 그러나 그의 믿음은 창세기 22장 사건, 즉 자신이 가장 아끼고 사랑하는 아들 이삭을 바치는 행함을 통해 입증되었고 온전해졌습니다. 이와 같이 믿음은 행함과 함께 일하고 행함을 통해 온전해집니다.

이로 보건대 사람이 행함으로 의롭다 하심을 받고 믿음으로만은 아니니라(약 2:24)

야고보서는 행함이 뒤따르는 믿음의 인물로 아브라함에 이어 기생 라합을 예로 들고 있습니다. 두 사람은 여러 가지 면에서 서로 대조되는 인물입니다. 아브라함이 유대인 남자요, 존경

받는 족장이라면, 라합은 이방인 여자요, 천한 신분의 기생이었습니다. 그럼에도 불구하고 두 사람에게는 공통점이 있었습니다. 바로 행함을 통해 자신의 믿음을 보이고 의롭다 하심을 받았다는 것입니다.

라합에 대한 이야기는 여호수아 2장과 6장에 자세히 소개되어 있습니다. 이스라엘 백성이 요단강을 건너 싯딤에 정착한 후 여호수아는 두 정탐꾼을 여리고 성에 보냈고 그들은 기생 라합의 집에 묵게 되었습니다. 그런데 여리고 왕이 보낸 사람들에 의해 정탐꾼들이 발각될 위기에 처하자 라합은 위험을 무릅쓰고 그들을 지붕 위에 숨겨주었습니다. 이때 라합은 자신이 믿고 있는 바를 이렇게 설명합니다.

야훼께서 이 땅을 너희에게 주신 줄을 내가 아노라 우리가 너희를 심히 두려워하고 이 땅 주민들이 다 너희 앞에서 간담이 녹나니 이는 너희가 애굽에서 나올 때에 야훼께서 너희 앞에서 홍해 물을 마르게 하신 일과 너희가 요단 저쪽에 있는 아모리 사람의 두 왕 시혼과 옥에게 행한 일 곧 그들을 전멸시킨 일을 우리가 들었음이니라 우리가 듣자 곧 마음이 녹았고 너희로 말미암아 사람이 정신을 잃었나니 너희의 하나님 야훼는 위로는 하늘에서도 아래로는 땅에서도 하나님이시니라(수 2:9-11)

라합은 하나님께서 이스라엘 백성에게 행하신 일들을 들으며 '이스라엘의 하나님은 위로는 하늘에서도 아래로는 땅에서도 하나님'이시라는 것을 믿게 되었습니다. 그렇기 때문에 자신이 믿는 바에 따라 목숨을 걸고 두 정탐꾼을 숨겨주었고 기지를 발휘해 이들을 탈출시키는 행동을 할 수 있었던 것입니다. 이처럼 그녀의 믿음은 지식에 그치지 않았습니다. 목숨을 건 결단과 행동으로 나타났습니다. 그 결과 그녀는 여리고 성이 멸망할 때 가족과 함께 구원을 받을 수 있었습니다.

여호수아가 기생 라합과 그의 아버지의 가족과 그에게 속한 모든 것을 살렸으므로 그가 오늘까지 이스라엘 중에 거주하였으니 이는 여호수아가 여리고를 정탐하려고 보낸 사자들을 숨겼음이었더라 (수 6:25)

더 나아가 한때 이방인이요, 기생이었던 라합은 행함이 따르는 믿음을 통해 의롭다 하심을 받고 다윗 왕과 예수 그리스도의 족보에 오른 이방 여성 중 한 명이 되었으며, 히브리서 11장에 나오는 믿음의 인물 반열에도 오르는 명예를 누리게 되었습니다.

> 아브라함과 다윗의 자손 예수 그리스도의 계보라 … 살몬은 라합에게서 보아스를 낳고 보아스는 룻에게서 오벳을 낳고 오벳은 이새를 낳고 이새는 다윗 왕을 낳으니라(마 1:1-6)

> 믿음으로 기생 라합은 정탐꾼을 평안히 영접하였으므로 순종하지 아니한 자와 함께 멸망하지 아니하였도다(히 11:31)

행함이 없는 믿음은 죽은 것이니라

아브라함과 라합의 예를 들고 나서 야고보서는 결론적으로 이렇게 말씀합니다.

> 영혼 없는 몸이 죽은 것 같이 행함이 없는 믿음은 죽은 것이니라
> (약 2:26)

영혼이 없는 몸이 죽은 몸이듯이 행함이 없는 믿음은 죽은 믿음입니다. 영혼이 없는 몸이 온전한 몸이 아니듯이 행함이 없는 믿음은 온전한 믿음이 아닙니다. 호흡이 끊어진 육체가 아무런 능력이 없듯이 행함이 없는 믿음은 구원에 이르게 할 능력이 없습니다. 예수님께서도 말로만 "주여! 주여!" 하는 자가 아니라 하나님의 뜻대로 행하는 자가 천국에 들어갈 수 있다고 말씀하셨습니다.

나더러 주여 주여 하는 자마다 다 천국에 들어갈 것이 아니요 다만 하늘에 계신 내 아버지의 뜻대로 행하는 자라야 들어가리라(마 7:21)

그렇습니다. 예수를 믿는다고 하면서도 행함이 따르지 않는다면 그 믿음은 죽은 것입니다. 반대로 우리가 온전한 믿음을 가지고 있다면, 이 믿음은 우리로 하여금 구원에 이르게 할 뿐 아니라 생기를 불어넣은 육체처럼 활력이 넘쳐 우리 삶 곳곳에서 선한 행실들로 나타날 것입니다. 그리고 이 선한 행실을 통해 하나님께 영광을 돌리게 될 것입니다.

이같이 너희 빛이 사람 앞에 비치게 하여 그들로 너희 착한 행실을

보고 하늘에 계신 너희 아버지께 영광을 돌리게 하라(마 5:16)

너희가 이방인 중에서 행실을 선하게 가져 너희를 악행한다고 비방하는 자들로 하여금 너희 선한 일을 보고 오시는 날에 하나님께 영광을 돌리게 하려 함이라(벧전 2:12)

그러므로 믿음과 행함은 분리되지 않습니다. 믿는다면 자연히 행함이 뒤따를 수밖에 없습니다. 이와 같이 행함이 따르는 믿음이 온전한 믿음이요, 구원에 이르게 하는 믿음이요, 하나님께 영광을 돌리는 믿음인 것입니다.

행함이 있는 믿음을 삶으로 보여주시고 있는 '거제도의 마더 테레사'로 불리는 김임순 애광원 원장님 이야기입니다. 원장님은 한국전쟁 때인 1952년부터 93세인 지금까지 66년 동안 고아와 장애인을 돌보고 있는 참으로 귀한 분입니다. 본래는 이화여대 가사과를 졸업하고 학생들을 가르치던 선생님이었는데, 한국전쟁이 나면서 남편이 행방불명이 되자 혼자 갓 돌 지난 딸을 데리고 거제도로 피난을 가게 되었습니다.

그곳에서 우연히 아는 사람을 만났는데, 이분이 다짜고짜 원장님을 피난민 막사로 데려가면서 엉겁결에 막사 안에 있는 고

아들을 맡게 되었습니다. 원장님은 황당했던 당시 상황을 이렇게 말합니다.

"흙바닥 가마니 위에 갓난아기 일곱이 미군 담요에 싸여 누워있었어요. 부모가 죽거나 버려진 갓난아기들이 길가에 가랑잎처럼 떨어져있던 시절이었죠. 저를 데려간 분이 '이 아이들 좀 돌봐주세요. 당신같이 배운 사람이 이 아기들 안 돌봐주면 어떡하란 말입니까?' 하더니 가버렸어요. 밤새 아이들이 울고, 저도 따라 울면서 기도했어요. '이 아기들 돌보라고 저 대학 공부까지 시켰습니까? 저는 못 하겠습니다!'라고요."

그런데 밤새 우는 동안 주님께서 원장님의 마음을 감동시켜 주셨습니다. "못 하겠습니다!"라는 기도가 새벽 종소리와 함께 "평생 이 아기들을 돌보겠습니다!"라는 기도로 바뀐 것입니다.

그렇게 해서 원장님은 27살 나이에 5평짜리 움막집을 짓고 '사랑과 빛의 정원'이라는 뜻의 '애광원'을 설립하여 고아들을 정성껏 돌보았습니다. 힘들고 어려웠던 당시를 원장님은 이렇게 설명합니다.

"처음 갔을 때 분유통하고 냄비 하나밖에 없었어요. 땔나무 구할
데가 없어서 파도에 밀려온 나뭇조각 주워와 말려서 때고, 도랑물
얼음장 깨뜨려 기저귀 빨고, 빤 기저귀는 몸에 감아서 말렸어요.
배고파 칭얼대는 아이들 때문에 식량을 구걸했어요. 체면이나 자
존심도 중요하지 않았어요."

이듬해 원장님이 고생하는 것을 알게 된 대학 은사님이 전액
장학금을 주겠다며 미국 유학을 제의하기도 했습니다. 하지만
원장님은 "아닙니다. 공부도 좋지만 이 아이들을 돌보는 것이
더 소중합니다."라며 정중히 거절했습니다.

게다가 친딸과 고아들을 차별 없이 대하기 위해, 친딸이 중
학교에 입학할 때까지 자신이 친엄마라는 사실을 숨겼습니다.
그래서 딸은 중학교에 들어가서야 자신이 고아가 아니라 친딸
인 것을 알게 되었다고 합니다. 아마도 딸은 많이 섭섭했을 것
입니다. 십여 년 동안 고아들과 같이 자라면서 자신도 고아인
줄 알았는데 중학생이 되자 갑자기 원장님이 "내가 널 낳은 엄
마다."라고 하니 얼마나 놀라고 섭섭했겠습니까? 그럼에도 불
구하고 원장님은 자신도 모르게 고아들과 딸을 차별할까봐, 고
아들보다 딸에게 눈길이라도 한 번 더 주게 될까봐 친엄마인 것

행함이 있는 믿음

을 숨긴 것입니다.

이러한 사랑과 사명감에 감동한 주변의 도움으로 사역은 점점 커져 5평짜리 움막에서 시작한 고아원을 통해 692명의 아이들이 자라나 어엿한 사회인으로 독립했습니다. 그다음부터 지적 장애를 가진 고아들이 들어오기 시작하면서 애광원은 1978년부터 지적 장애인 시설로 바뀌어 현재 중증 장애인 99명을 포함해서 지적 장애인 193명이 함께 생활하고 있습니다. 중증 장애란 대소변도 못 가려서 24시간 다른 사람이 옆에서 도와줘야 되는 장애인데, 원장님이 참으로 귀한 사역을 하고 있는 것입니다.

여의도순복음교회 출신인 젊은 목사님도 강화도에서 중증 장애인 사역을 하고 있는데 제가 갈 때마다 눈물이 날 정도로 많은 감동을 받습니다. 젊은 사람이 강화도에서 10년 넘게 중증 장애인들의 대소변을 받아주며 사랑으로 돌보고 있으니 강화도 사람들이 "여의도에서 천사가 왔다!"라고 말합니다. 지금은 장애인들에게 일거리를 마련해주기 위해 빵 공장을 만들어 강화도 일대에서 빵을 주문받아 보급하고 있는데, 얼마나 귀한 사역인지 모르겠습니다.

김임순 원장님은 지적 장애인을 위한 특수교육기관인 거제

애광학교를 세우고, 병원 한 곳 없던 거제도에 거제기독병원을 설립하였으며 중등교과과정과 기술을 무료로 가르치는 애광기술학교까지 세웠습니다. 그 공로를 인정받아 1989년 아시아의 노벨상이라고 하는 막사이사이상을 수상하고, 호암상, 국민훈장인 석류장과 모란장도 수상했습니다.

또한 '장애인 시설일수록 더 좋아야 한다.'라는 소신으로 애광원을 외국 휴양지처럼 아름답게 만들어 장애인들이 쾌적하게 지낼 수 있도록 했습니다. 갓 돌 지난 딸을 가진 27세의 젊은 여성이 행함이 있는 믿음으로 이러한 기적을 만들어낸 것입니다. 이처럼 믿음에 행함이 따르면 기적이 일어납니다. 지금도 정정하게 장애인들을 돌보고 있는 원장님은 지난 시간을 돌아보면서 이렇게 고백합니다.

"울다 지쳐 잠든 아기들을 두고 떠날 수 없어 '평생토록 이 아이들과 함께 살겠습니다.'라고 기도했는데, 평생이라는 그 약속 때문에 이렇게 아이들하고 살고 있습니다. 이 일을 하면서부터 지금까지 제 아침 기도제목은 '오늘도 잔칫날이 되게 하소서.'입니다. 겸손하고 기쁜 마음으로 손님을 접대하는 잔칫집 주인처럼 아이들을 사랑하고, 섬기고, 대접하는 마음을 가지려고 다짐합니다. 이제 남은 시간도 하나님께서 내게 맡겨주신 아이들을 위해 최선을 다하고 싶습니다.”

93세 된 원장님의 고백을 들으며 '지금까지 나는 어떻게 살아왔나.' 스스로 돌아볼 수 있기를 바랍니다. 행함이 따르는 믿음으로 주님 앞에 섰을 때 부끄럽지 않은 삶을 살기를 바랍니다. 앞에서 말한 양과 염소의 비유에서처럼 주님으로부터 “내가 주릴 때에 너희가 먹을 것을 주지 아니하였고 목마를 때에 마시게 하지 아니하였고 나그네 되었을 때에 영접하지 아니하였고 헐벗었을 때에 옷 입히지 아니하였고 병들었을 때와 옥에 갇혔을 때에 돌보지 아니하였느니라”(마 25:42-43)라는 책망을 받는 자가 되지 않기를 바랍니다. 이 땅에서 행함이 있는 믿음을 보여 하나님께 영광 돌리고 “여기 내 형제 중에 지극히 작은 자 하나에게 한 것이 곧 내게 한 것이니라”(마 25:40)라는 주님의 칭찬을 받아 하늘나라를 상속받는 복된 우리가 되기를 바랍니다.

요약

야고보서 2장은 1장에 이어서 행함이 있는 믿음을 강조하고 있습니다. 2장이 말하는 행함이 있는 믿음이란 우선 사람을 차별하지 않는 것입니다. 부자를 편애하고 가난한 자를 차별하는 것은 사람을 차별하지 않으시는 예수님을 믿는 믿음, 그리고 가난한 자에게 특별한 관심을 가지시는 하나님의 성품과 반대되는 것입니다. 또한 당시 그리스도인들을 경제적으로나 종교적으로 억압하는 부자들의 편을 들고 가난한 자들을 멸시하는 것은 어리석고 비굴한 행동이요, 이웃을 사랑하라는 계명을 어기는 범법자가 되는 것입니다. 더 나아가 행함이 있는 믿음은 차별을 하지 않는 정도가 아니라 구체적으로 사랑을 실천하는 삶입니다. 마지막으로 2장은 행함이 있는 믿음을 가진 인물로서 독자 이삭을 바친 아브라함과 목숨을 걸고 정탐꾼을 숨겨준 라합을 소개하면서 행함이 없는 믿음은 죽은 믿음이라고 결론 내리고 있습니다.

묵상

나에게는 혹은 우리 교회 공동체 내에는 외적 조건을 따라 사람을 판단하거나 차별하는 모습이 없는지 묵상해봅시다. 지난 한 달 동안 내가 구체적으로 사랑을 실천한 것은 무엇입니까? 내 믿음을 입증하기 위해 내가 내려야 할 결단이나 행동은 무엇입니까?

적용

기도 수첩이나 기도 일지처럼 선행 수첩이나 선행 일지를 작성해봅시다. 일일일선(一日一善)이라는 말처럼 하루에 한 가지씩 내가 할 수 있는 사랑 실천의 구체적인 항목을 수첩에 적고 실천해봅시다.

행함이 있는 믿음

Faith in Action

말과 지혜

믿음을 실천하는 두 가지 방법

말과 지혜
믿음을 실천하는 두 가지 방법

___

약 3:1-18

¹내 형제들아 너희는 선생된 우리가 더 큰 심판을 받을 줄 알고 선생이 많이 되지 말라

²우리가 다 실수가 많으니 만일 말에 실수가 없는 자라면 곧 온전한 사람이라 능히 온 몸도 굴레 씌우리라

³우리가 말들의 입에 재갈 물리는 것은 우리에게 순종하게 하려고 그 온 몸을 제어하는 것이라

⁴또 배를 보라 그렇게 크고 광풍에 밀려가는 것들을 지극히 작은 키로써 사공의 뜻대로 운행하나니

⁵이와 같이 혀도 작은 지체로되 큰 것을 자랑하도다 보라 얼마나 작은 불이 얼마나 많은 나무를 태우는가

⁶혀는 곧 불이요 불의의 세계라 혀는 우리 지체 중에서 온 몸을 더럽히고 삶의 수레바퀴를 불사르나니 그 사르는 것이 지옥 불에서 나느니라

⁷여러 종류의 짐승과 새와 벌레와 바다의 생물은 다 사람이 길들일 수 있고 길들여 왔거니와

⁸혀는 능히 길들일 사람이 없나니 쉬지 아니하는 악이요 죽이는 독이 가득한 것이라

⁹이것으로 우리가 주 아버지를 찬송하고 또 이것으로 하나님의 형상대로 지음을 받은 사람을 저주하나니

¹⁰한 입에서 찬송과 저주가 나오는도다 내 형제들아 이것이 마땅하지 아니하니라

¹¹샘이 한 구멍으로 어찌 단 물과 쓴 물을 내겠느냐

¹²내 형제들아 어찌 무화과나무가 감람 열매를, 포도나무가 무화과를 맺겠느냐 이와 같이 짠 물이 단 물을 내지 못하느니라
¹³너희 중에 지혜와 총명이 있는 자가 누구냐 그는 선행으로 말미암아 지혜의 온유함으로 그 행함을 보일지니라
¹⁴그러나 너희 마음 속에 독한 시기와 다툼이 있으면 자랑하지 말라 진리를 거슬러 거짓말하지 말라
¹⁵이러한 지혜는 위로부터 내려온 것이 아니요 땅 위의 것이요 정욕의 것이요 귀신의 것이니
¹⁶시기와 다툼이 있는 곳에는 혼란과 모든 악한 일이 있음이라
¹⁷오직 위로부터 난 지혜는 첫째 성결하고 다음에 화평하고 관용하고 양순하며 긍휼과 선한 열매가 가득하고 편견과 거짓이 없나니
¹⁸화평하게 하는 자들은 화평으로 심어 의의 열매를 거두느니라

　자녀들은 자라면서 부모의 행동을 보고 배웁니다. "부모는 자녀의 거울이다."라는 말처럼 사람들은 자녀의 모습을 보고 부모가 어떤 사람인지 추측하기도 합니다. 그러므로 하나님을 믿고 하나님의 자녀가 된 우리는 그에 합당한 삶의 모습을 갖춰야 합니다. 하나님을 믿지 않는 사람들은 우리의 모습을 보고 하나님이 어떠한 분이신지를 알아가기 때문입니다.

　특히, 사람들은 보통 평소에 생각하고 있는 것들을 자연스럽게 말로 나타냅니다. 그 말을 통해 그 사람이 어떤 사람인지, 인격이나 성품이 어떠한지를 알 수 있습니다. 따라서 그리스도인

은 하나님께서 주시는 올바른 생각을 가지고 올바른 말을 해야 합니다. 이에 야고보서 3장은 믿는 사람의 행함 중에서 특별히 말과 지혜에 대해 말씀합니다.

말, 다스리고 실천하라

그리스도인에게 있어서 행함이 있는 믿음은 매우 중요합니다. 특히, 이것은 그리스도인 중에서도 가르치는 직분을 맡은 사람에게 더욱 요구됩니다. 처음 신앙생활을 하기 시작한 사람에게 선생의 믿음, 말과 행동 등은 신앙생활의 기준이 되기 때문입니다. 그래서 야고보서는 선생이 되는 일에 신중하도록 권면합니다.

내 형제들아 너희는 선생된 우리가 더 큰 심판을 받을 줄 알고 선생이 많이 되지 말라(약 3:1)

하나님께서는 가르치는 직분을 맡은 사람에게 많은 영혼을 맡겨주십니다. 그리고 그 직분을 감당할 수 있도록 은사와 능력을 주십니다. 그런데 이러한 직분과 능력을 주신 만큼 하나님은 심판의 때에 그들에게 더 큰 책임을 물으십니다. 예수님이 이 땅에서 사역하실 때도 잘못된 지식을 가르치는 율법교사들을 책망하셨습니다. 그들의 잘못은 자신들은 행하지 않는 것들을 다른 사람들에게 요구한다는 것이었습니다.

> 화 있을진저 또 너희 율법교사여 지기 어려운 짐을 사람에게 지우고 너희는 한 손가락도 이 짐에 대지 않는도다(눅 11:46)

가르치는 사람은 자신이 믿고 가르치는 것에 대해서 몸소 모범을 보여야 합니다. 특별히, 가르치는 사람은 주로 말을 통해 다른 사람을 가르치기 때문에 말을 잘 다스려야 합니다. 긍정적인 말, 덕이 되는 말, 다른 사람을 세워주는 말, 감사의 말을 해야 합니다.

이것은 꼭 가르치는 직분을 맡은 사람뿐만 아니라 모든 그리스도인에게 해당되는 말씀입니다. 그래서 말을 잘 다스리라는 말씀이 야고보서 3장 2-3절에 나옵니다.

> 우리가 다 실수가 많으니 만일 말에 실수가 없는 자라면 곧 온전한 사람이라 능히 온 몸도 굴레 씌우리라 우리가 말들의 입에 재갈 물

리는 것은 우리에게 순종하게 하려고 그 온 몸을 제어하는 것이라

(약 3:2-3)

우리는 연약한 존재이기 때문에 이 세상을 살아가면서 여러 가지 실수들을 저지릅니다. 그중 가장 많이 하는 것이 말로 하는 실수입니다. 말은 사람 사이의 주된 의사소통 방법이어서, 사람들은 하루에도 수천 단어씩 주고받습니다. 그 과정에서 알게 모르게 다른 사람들에게 상처를 주거나 자신에게 해가 되는 부정적인 말을 합니다. 말실수만큼 흔하고 피하기 어려운 일이 드물기 때문에 야고보서는 말에 실수가 없는 사람을 온전한 사람이라고 표현한 것입니다.

야고보서는 사람의 말을 다스리는 것을 달리는 말에 재갈을 물리는 것에 비유했습니다. 사람들은 말을 자유자재로 타기 위해 말의 입에 재갈을 물립니다. 입에 재갈이 물린 말은 주인이 가고자 하는 곳으로 갈 수밖에 없습니다. 요즘은 말을 타고 다니는 사람이 거의 없지만, 그 대신 반려견을 데리고 산책하는 사람을 많이 볼 수 있습니다. 반려견과 함께 산책할 때, 반려견이 행인에게 가서 짖거나 물면 안 되기 때문에 주인은 반려견의 입에 입마개를 씌웁니다.

이렇게 말이나 개가 함부로 다니지 못하게 막는 것처럼, 우리는 입술의 말을 조심해야 합니다. 방치된 동물이 사람에게 피해를 입히는 것처럼, 한 사람의 부적절한 말이 다른 사람의 마음에 큰 상처를 입힐 수 있기 때문입니다. 최근 우리나라에서 폭력적인 말들이 여과 없이 쏟아져 나와 문제를 일으키고 있습니다. TV 프로그램, 영화, 인터넷 등의 미디어를 통해 얼마나 많은 폭력적인 언어들이 쏟아져 나오는지 모릅니다. 아무런 방비 없이 폭력적인 언어에 노출된 청소년들은 자신도 모르게 폭력적인 성향을 띄게 됩니다. 또한 SNS를 통해 부정적인 말, 거짓된 말들이 수없이 오가기도 합니다. 때로는 유언비어가 퍼지고 마녀사냥식의 여론이 형성되어 한 사람의 인생을 망치기도 하고, 심한 경우에는 죽음으로 내몰기도 하는 것을 뉴스 보도를 통해 접하곤 합니다.

그리스도인은 말을 조심해야 합니다. 말에 재갈을 물리는 것처럼 우리가 입으로 하는 말을 통제해야 합니다. 주님이 원하시는 말을 할 수 있도록 부정적인 말을 우리의 믿음으로 걸러내야 하는 것입니다. 우리는 아무리 힘들고 어려운 일을 당할지라도, 또한 억울하게 불이익을 당할지라도 절대 긍정과 절대 감사의 믿음으로 늘 자신을 훈련해야 합니다. 불순물을 여과지에 거르는 것처럼 우리의 모든 말을 절대 긍정과 절대 감사의 믿음으로 걸러내어 긍정적인 말, 감사의 말을 고백해야 합니다.

말을 조심하기 위해서는 먼저 자신의 믿음이 올바로 서있는지 점검해봐야 합니다. 사람은 자신이 믿는 대로 살아갑니다. 돈이 자신을 풍요롭게 해줄 것이라고 믿는 사람은 평생 돈을 좇으며 살아가고, 권력이나 명예가 자신을 성공하게 해줄 것이라고 믿는 사람은 권력이나 명예를 좇아 살아갑니다. 그리고 자신이 살아가는 삶의 방식을 말을 통해 나타냅니다. 가치관과 믿음의 문제가 올바르게 서지 않은 상태에서는 올바른 언어생활이 불가능합니다.

그리스도인들도 잘못된 믿음과 행동을 가지고 살아가는 경우가 있습니다. 교회 안에서 말과 행동으로 세속적인 가치관을 나타내는 경우를 야고보서는 이미 2장에서 다음과 같은 예를 들어 말씀했습니다.

만일 너희 회당에 금 가락지를 끼고 아름다운 옷을 입은 사람이 들어오고 또 남루한 옷을 입은 가난한 사람이 들어올 때에 너희가 아름다운 옷을 입은 자를 눈여겨 보고 말하되 여기 좋은 자리에 앉으소서 하고 또 가난한 자에게 말하되 너는 거기 서 있든지 내 발등상 아래 잘못된 믿음을 가지고 신앙생활을 하면 예배의 장소에서조차 가난한 사람에게는 멸시의 말을, 부유한 사람에게는 아첨의 말을 하게 됩니다. 우리는 세상적인 가치관을 따라서는 안 됩니다. 오직 하나님의 말씀을 굳게 믿고, 이를 바탕으로 신앙생활을 해나가야 합니다. 성경은 모든 믿는 사람 안에서 차별하는 일은 있을 수 없다고 말씀합니다(골 3:11). 따라서 우리는 사람의 외적인 환경과 상관없이 누구에게나 사랑의 말, 친절한 말을 해야 합니다.

그리스도인은 자신의 삶과 일치하는 말을 해야 합니다. 간혹 자신의 말과 전혀 다른 삶을 사는 사람이 있습니다. 그러한 사람의 말은 힘을 잃어 듣는 사람에게 영향을 미치지 못합니다. 야고보서는 이와 같은 능력 없는 말을 주의하라고 말씀한 바가 있습니다.

너희 중에 누구든지 그에게 이르되 평안히 가라, 덥게 하라, 배부르게 하라 하며 그 몸에 쓸 것을 주지 아니하면 무슨 유익이 있으리요 (약 2:16)

우리 그리스도인들도 실천이 뒤따르지 않는 말을 하며 살아가고 있지는 않은지 돌아봐야 합니다. 같은 구역의 성도들이 기도 제목을 나눌 때 "함께 기도하겠습니다."라고 대답하고 실제로는 기도하지 않은 적은 없었는지, 말로는 도와주겠다고 하면서 실제 행동으로는 무관심했던 적은 없었는지 말씀을 통해 돌아봐야 합니다.

특히 요즘은 통신 기술이 굉장히 발달되어서 사람들과 스마트폰을 통해 대화하는 경우가 많습니다. 스마트폰을 통한 대화는 언제, 어디서나 할 수 있다는 장점이 있기 때문에 사람들은 이를 이용해서 수많은 대화를 나눕니다. 그런데 이전보다 대화의 양은 많아졌지만, 사람을 직접 보고 대화할 때만큼의 진실한 말은 줄어드는 경향이 있습니다. 진심에서 우러나오는 말보다는 가벼운 인사치레의 말을 할 때가 많아진 것입니다. 야고보서는 이러한 인사치레에 대해 경고하며, 말한 내용을 행함으로써 능력 있는 그리스도인이 되어야 할 것을 강조합니다.

지금까지 살펴본 것처럼, 우리 그리스도인들은 절대 긍정과 절대 감사의 믿음으로 무장하여 말을 잘 다스려야 합니다. 그리고 자신의 말을 다스려 세상 사람들에게 사랑과 위로의 말을 전하고, 그 말을 실천하여 능력 있는 신앙생활을 해나가야 합니다.

살리는 말 vs. 죽이는 말

말을 하는 것은 너무나도 쉬운 일, 힘들이지 않고도 할 수 있는 일입니다. 그러다 보니 말 한마디 하는 것을 대수롭지 않은 일로 생각하는 경향이 있습니다. 그런데 사소해 보이는 말 한마디가 사실은 우리 삶에 지대한 영향을 미칠 때가 많습니다. "말 한마디에 천 냥 빚을 갚는다."라는 옛말처럼 어려운 상황에서 던진 한마디 말이 큰 유익을 끼칠 때가 있고, 반대로 "웃느라 한 말에 초상 난다."라는 말처럼 농담으로 한 말이 듣는 사람에게 치명적인 영향을 주는 경우도 있습니다.

야고보서는 이러한 말의 특성을 배의 키와 나무를 태우는 불에 비유했습니다.

배는 물 위의 거친 파도와 바람을 뚫고 안전하게 사람과 화

     행함이 있는 믿음

물을 운송합니다. 그런데 그 큰 배를 조종하는 것은 선체에 비해 크기가 아주 작은 키입니다. 키는 아주 작은 부품이지만 그역할은 매우 중요합니다. 키가 고장난다면 배는 물 위에서 표류하다 난파당하고 말 것입니다. 사람의 혀도 마찬가지입니다. 사람의 온몸을 놓고 본다면 혀는 매우 작은 부분을 차지하지만, 그 혀에서 나오는 말을 통해 우리는 하나님을 찬양하고 사람들과 교제를 나눕니다.

이처럼 우리는 혀를 이용해서 하나님을 높이고 서로 격려하는 말을 해야 하지만, 이와 반대로 혀에서 나오는 말로 자신을 자랑하거나 하나님을 모욕하는 사람들도 있습니다. 이러한 위험성에 대해 경고하기 위해 야고보서는 혀를 많은 나무를 태우는 작은 불로 비유한 것입니다.

성경에도 혀를 불순한 목적으로 사용한 사람들이 있습니다. 다윗의 손에 죽은 블레셋 장수 골리앗이 대표적인 인물입니다. 골리앗은 자신의 거대한 체구를 자랑하며 이스라엘의 하나님을 말로 모욕했습니다. 하나님께서는 자신의 이름을 모욕한 골리앗을 가만두지 않으시고, 다윗을 통해 그를 꺾으셔서 하나님의 이름만이 영광을 받게 하셨습니다.

이어서 야고보서는 부정적인 말로 말미암아 악을 일삼는 일에 대해 다음과 같이 경고합니다.

"적은 누룩이 온 덩이에 퍼지느니라"(갈 5:9)라는 성경 말씀처럼 우리 지체 가운데 굉장히 작아 보이는 혀로 지은 죄, 말로 지은 죄가 우리의 온몸을 더럽힙니다. 그리고 이렇게 더럽혀진 몸에서 다시 악한 말이 나옵니다. 악한 말이 우리를 더럽히고, 죄로 더럽혀진 우리는 다시 악한 말을 하는 악순환이 반복되는 것입니다.

예수님은 그 당시 종교 지도자들을 향해 마음에 가득한 것이 입으로 나온다고 말씀하셨습니다.

예수님의 말씀처럼 악한 마음을 품은 사람이 악한 말을 하

고, 거짓된 마음을 품은 사람이 거짓말을 하는 것입니다. 우리
는 반복적으로 죄를 짓게 하는 이러한 악순환을 끊어내야 합니
다. 말을 조심해서 우리의 마음을 지켜야 합니다. 우리의 마음
을 지키기 위해 하나님께 항상 다음과 같은 기도를 드려야 합니
다.

"주님, 제가 덕스러운 말을 하게 해주옵소서."
"남을 살리는 말을 하게 해주옵소서."
"남을 치료하는 말을 하게 해주옵소서."
"어떤 경우에도 세상 사람들이 하는 욕을 입 밖에 내지 않고
살게 해주옵소서."

그리스도인은 세상 사람들과 같이 미움과 원망으로 저주의
말을 쏟아놓아서는 안 됩니다. 악한 말을 금하는 것에서 더 나
아가 사랑과 용서 그리고 위로의 말을 해야 합니다. 세상 사람
들은 다른 사람에게 악영향을 미치는 부정적인 말을 하지만, 우
리 그리스도인은 다른 사람을 살리는 긍정적인 말을 해야 하는
것입니다.
사람을 죽이는 말과 사람을 살리는 말이 구체적으로 어떻게

사람에게 영향을 미치는지 한 가지 이야기를 통해 말씀드리고 자 합니다. 현재 '크리스찬치유상담연구원'의 원장으로 섬기고 있는 정태기 교수님의 이야기입니다.

교수님은 어린 시절 몸이 많이 약했습니다. 그래서 학교 운동회에서 달리기를 하면 늘 꼴찌를 도맡았습니다. 그런데 초등학교 4학년 운동회날, 어머니가 운동회에 구경을 오셨습니다. 늘 그렇듯 교수님은 달리기에서 제일 마지막으로 들어왔습니다. 교수님의 어머니는 그 모습을 보고 마음이 상했는지, 저녁 무렵 풀이 죽어 들어오는 아들에게 이렇게 버럭 소리를 질렀습니다. "꼴등 하는 새끼는 내 새끼 아니니까 나가서 죽어버려!" 어머니의 그 말이 교수님의 가슴에 비수가 되어 꽂혔습니다. 교수님은 그때의 심정을 다음과 같이 표현했습니다.

"그렇지 않아도 하루 종일 꼴등만 해서 기가 죽을 대로 죽어있던 내 가슴에 어머니의 말이 비수가 되어 꽂혔다. 나는 정말로 죽어 버리려고 한밤중까지 아무도 없는 들판을 헤매고 다녔다. 나는 그 후로 히스테리 신경증을 심하게 앓았다. 히스테리 신경증 때문에 발작이 일어나면 주체할 수 없는 분노가 치밀어 오르곤 했다. 그 때마다 나는 어머니에게 온갖 화풀이를 해댔다."

교수님은 어머니가 던진 말 때문에 분노하고, 신경증을 앓고, 죽음까지 생각하게 된 것입니다. 우리도 교수님의 어머니처럼 말을 함부로 한 적은 없는지 되돌아봐야 합니다. 특히 자녀들의 마음에 상처를 남긴 말을 한 적은 없는지 되돌아봐야 합니다. 어린 시절 아름답고 건강하게 자라야 할 아이들에게 인격을 짓밟는 이야기를 해서는 안 됩니다. 자신은 절대 그런 적이 없다고 할지 모르지만, 우리는 알게 모르게 자녀들의 인격을 짓밟는 말을 할 때가 있습니다. "밥 먹는 것 말고 할 줄 아는 게 뭐가 있니?" "너 같은 아이는 우리 집안에 필요 없다!" 이러한 말이 다 아이들의 인격을 짓밟는 말입니다. 부정적인 말을 듣고 자라나는 아이들은 자기도 모르게 자격지심이 생기기도 하고, 교수님처럼 분노조절장애, 히스테리 신경증 등을 앓기도 합니다.

이후 교수님은 상담학 교수가 되어 한 신학대학원에 출강하기 시작했습니다. 그때 '금주'라고 하는 여조교를 만났습니다. 그런데 금주 씨가 얼마나 성품이 좋고 마음이 따뜻한지, 50명 내외의 학생들이 그녀를 믿고 고민을 털어놓을 정도로 잘 따랐습니다. 그래서 교수님은 금주 씨에게 어떤 가정환경에서 자랐기에 이렇게 사람들에게 사랑받는 사람이 될 수 있었는지 물었습니다. 그러자 금주 씨는 교수님에게 다음과 같이 답했습니다.

"두 마디 말 때문이었어요. 제 고향은 강원도 깊은 산골짜기로, 우리 집은 하루 세끼 걱정을 해야 할 만큼 가난했지요. 어머니는 다섯 살 때 동생을 낳다 돌아가셨고, 아버지는 새엄마를 통해 동생을 줄줄이 낳고는 도박으로 재산을 다 날려버리고 농약 먹고 자살해버렸어요. 고구마 하나로 하루 세끼를 때웠고, 엄동설한에 양말 한 번 신어보지 못한 채 학교 다니면서 늘 주눅이 들어있었어요. 그런데 어느 날 학교 담임선생님이 제게 이렇게 말하며 토닥여주셨어요. '금주야, 너는 보통 애가 아니야.' 그리고 다른 반 선생님에게 이렇게 얘기하시는 걸 들었어요. '우리 반에 금주라는 애가 있는데, 어려운 처지에서도 공부하겠다고 애쓰는 것을 보면 가슴이 뭉클해지곤 해요. 그 애 얼굴만 보면 얼마나 기특한 생각이 드는지 모르겠어요.'"

금주 씨의 인생은 선생님의 따뜻한 두 마디 말에 의해 달라졌습니다. 그동안 어려운 가정환경으로 주눅 들었던 금주 씨는 이 두 마디 말을 통해 힘을 얻게 되었습니다. 이 말을 들은 이후부터 금주 씨는 누구를 만나든지 자신감이 생겼습니다. 초등학교를 졸업하고 나서는 당당하게 그 마을 면장님을 찾아가 자신의 사정을 말하고 중학교 입학금을 꾸어 학교에 다녔습니다. 그리고 고등학교에 진학해 그 시골 고등학교 개교 이래 처음으로 서울의 명문대에 합격하였고, 결국에는 훌륭한 하나님의 일꾼이 되었습니다.

정태기 교수님의 이야기와 금주 씨의 이야기는 모두 부모님 때문에 어려움을 겪은 이야기입니다. 그런데 정태기 교수님은 어머니의 말 때문에 청소년 시절을 분노와 미움으로 보냈고, 금주 씨는 조실부모하고 가난하고 어려웠지만 선생님의 말 덕분에 힘을 얻고 희망찬 청소년 시절을 보낼 수 있었습니다. 이처럼 사람의 말에는 듣는 사람을 살리기도 하고 죽이기도 하는 힘이 있습니다. 예수님을 믿는 사람은 늘 긍정적인 말을 통해 사람을 살려야 합니다.

우리가 사람을 살리는 긍정적인 말을 하기 위해서는 말을 다스리는 훈련을 해야 합니다. 그런데 말을 다스리는 것은 쉬운 일이 아닙니다. 이에 대해 야고보서는 다음과 같이 말씀합니다.

여러 종류의 짐승과 새와 벌레와 바다의 생물은 다 사람이 길들일 수 있고 길들여 왔거니와 혀는 능히 길들일 사람이 없나니 쉬지 아니하는 악이요 죽이는 독이 가득한 것이라(약 3:7-8)

하나님께서 이 세상을 창조하시고 나서 사람에게 움직이는 모든 생물을 다스리라고 말씀하신 것처럼, 사람은 여러 종류의 생물을 길들일 수 있습니다. 그리고 지금까지 많은 생물을 길들여 그 생물들로부터 큰 도움을 받고 있습니다. 이처럼 사람은 무엇이든 길들일 수 있는 능력을 가졌지만, 정작 자신의 혀를 길들이는 것은 매우 어렵습니다. 더 나아가, 야고보서는 혀 자체가 쉬지 않는 악이자 죽이는 독이 가득한 것이라고 표현합니다. 왜냐하면 아담이 범죄함으로 말미암아 모든 인간은 타락하게 되었고, 그 결과 우리의 혀는 죄를 짓는 것을 더 좋아하게 되었기 때문입니다. 이것은 아담과 하와가 죄를 짓고 나서 보인 첫 반응에서도 알 수 있습니다. 하나님께서 그들의 죄에 대해 추궁하시자 아담은 하와에게, 하와는 뱀에게 자신의 책임을 전가하는 말을 했습니다. 그 누구도 먼저 자신이 책임을 지고 회개하는 말을 하지 않았습니다.

그렇다면 우리는 이러한 특성을 가진 혀를 어떻게 길들일 수 있을까요? 바로 성령으로 충만할 때 우리는 하나님께서 원하시는 말을 할 수 있습니다. 우리가 성령충만을 받을 때 가장 눈에 띄는 변화는 언어입니다. 예수님이 승천하시고 나서 초대교회에 오순절 성령강림 사건이 일어났을 때, 제자들이 성령을 받고 나서 가장 먼저 한 일은 방언을 말한 것입니다.

그들이 다 성령의 충만함을 받고 성령이 말하게 하심을 따라 다른 언어들로 말하기를 시작하니라(행 2:4)

또한, 성령의 충만함을 받은 베드로와 나머지 열한 사도는 담대히 복음을 전파했습니다. 예수님이 십자가에 달리던 날에는 두려워 떨며 뿔뿔이 흩어졌던 제자들이 성령충만을 받자 주님을 증거하는 말을 선포하게 된 것입니다. 예루살렘에 있던 수많은 사람이 제자들의 말을 듣고 예수님을 믿게 되었습니다.

그 말을 받은 사람들은 침례를 받으매 이 날에 신도의 수가 삼천이나 더하더라(행 2:41)

이처럼 우리는 성령충만을 받고 혀를 길들여야 합니다. 우리가 평소에 하는 말들이 죄를 짓고 자신을 자랑하는 말에서 사람을 살리고 복음을 증거하는 말로 변화되어야 합니다. 그리하면 하나님께서 우리의 말을 통해 죄에 빠진 사람을 건지시고, 교회를 세우시며, 영광을 받으실 것입니다.

한 입으로 오직 찬송을

우리가 예수님을 믿고 나서 우리의 입술로 하나님을 예배하고 찬양하지만, 때때로 그 찬양하는 입술로 부정적인 말을 할 때가 있습니다. 야고보서는 이러한 모습을 보이는 그리스도인에게 다음과 같이 권면합니다.

> 이것으로 우리가 주 아버지를 찬송하고 또 이것으로 하나님의 형상대로 지음을 받은 사람을 저주하나니 한 입에서 찬송과 저주가 나오는도다 내 형제들아 이것이 마땅하지 아니하니라(약 3:9-10)

야고보서는 한 입에서 찬송과 저주를 하는 사람의 모습을 지적하며, '형제들아 이것이 마땅하지 않다.'라고 말씀합니다. 신약성경에서 '형제'라는 표현은 예수님 안에서 한 형제와 자매가 된 우리 그리스도인들을 의미합니다. 이 구절은 믿음과 언어생활이 분리되어 모순된 모습을 보이는 그리스도인의 문제를 지적하고 있습니다. 세상 사람들이 한 입으로 여러 말을 해도 바람직하지 못한데, 하물며 믿는 사람들이 한 입으로 거룩한 찬송과 포악한 저주를 번갈아가며 한다는 것은 행함이 없는 믿음의 모순을 보여주는 것입니다.

교회 안에서는 은혜롭게 주님을 찬양하다가 교회 밖에 나와서는 육두문자로 다른 사람에게 욕을 하는 사람을 볼 때가 있습니다. 혹은 예배드리러 가는 버스에서 서로 자리를 두고 다투는 모습을 볼 때도 있습니다. 하나님께서 우리를 만드신 목적은 하나님을 찬양하며 영화롭게 하기 위함이지, 우리끼리 서로 다투고 저주하기 위함이 아닙니다. 그러므로 우리는 하나님께서 주신 입으로 하나님을 찬송하는 데 늘 힘써야 합니다.

우리가 입술로 죄를 짓지 않고 늘 하나님을 찬양하려면, 앞서 말했듯이 성령님을 삶의 주인으로 모셔들여야 합니다. 성령으로 충만하여 성령님이 주시는 능력으로 살아갈 때만이 우리의 입술을 하나님을 영화롭게 하는 입술로 다스릴 수 있는 것입니다. 그리고 성령충만한 입술로 하나님을 찬양할 때 하나님의 은혜가 우리 가운데 임합니다. 따라서 우리는 어떠한 어려움과 고난이 찾아올지라도 성령님을 의지하여 하나님을 찬양해야 합니다.

이처럼 우리는 늘 성령충만하게 하나님을 찬양하며 살아가야 하는데, 그렇지 못하고 무거운 짐에 억눌려 살아가는 청년들을 보며 고민에 빠졌던 한 그리스도인의 이야기를 소개합니다.

아일랜드에 폴 카일이라고 하는 신실한 그리스도인 의사가 있었습니다. 카일은 의사로 바쁘게 일하면서도 주님이 기뻐하시는 일을 하는 것이 좋아서 늘 기도하고 말씀을 묵상하는 데 힘썼습니다. 그리고 "너는 너의 직업을 가지고 복음을 전하는 일에 힘을 써라."라는 주님의 말씀을 듣고 '커뮤니티 오브 더 킹'이라는 기독교 단체를 만들어서 복음을 전하기 시작했습니다. 이 단체에는 주로 젊은 청년들이 모여 함께 복음을 전했습니다.

그런데 어느 날, 폴 카일은 모임에 온 청년들이 다들 어두운 얼굴로 무엇인가에 짓눌려있는 것을 보았습니다. 요즘 한국 젊은이들처럼 대학 진학과 취업에 대한 걱정으로 가득한 채 모임 가운데 나온 것이었습니다. 폴 카일은 그 청년들을 위로해주고 싶었지만, 자신의 힘으로 그들의 눌린 마음을 어떻게 풀어줄 수가 없어서 기타를 치며 찬양을 부르기 시작했습니다.

폴 카일이 찬양을 부르는 그 순간, 성령님이 그들 가운데 임하셨습니다. 무엇인가에 짓눌렸던 청년들의 마음속에서 어두운 그림자가 사라지고 그들의 얼굴이 환해지면서 함께 찬양을 부르기 시작한 것입니다. "이스라엘의 찬송 중에 계시는 주여 주는 거룩하시니이다"라는 시편 22편 3절의 찬양이 울려 퍼지면서 그곳에 있는 모든 사람의 마음속이 성령으로 충만하게 되

었습니다. 이후 이 찬양은 전 세계로 보급되었는데, 그 제목이
바로 '예수 우리 왕이여'입니다.

예수 우리 왕이여 이곳에 오셔서
보좌로 주어 임하사 찬양을 받아주소서
주님을 찬양하오니 주님을 경배하오니
왕이신 예수여 오셔서 좌정하사 다스리소서

이 찬양으로 말미암아 전 세계적으로 유명해진 폴 카일은 다
음과 같이 고백했습니다.

"이 노래는 제 노력의 결과가 아닙니다. 오직 성령님의 능력으로
작곡되어 순식간에 퍼져나간 것입니다. 이 노래는 왕이신 예수님
이 오셔서 좌정하사 다스리시라고 외칩니다. 아마 이 가사가 왕의
귀환을 애타게 기다리는 그리스도인들의 마음을 울렸을 것입니
다."

폴 카일의 고백처럼 성령의 능력으로 하나님을 찬양할 때,
그 찬양 가운데 주님이 우리의 왕으로 임하십니다. 반대로 우리

입술에서 원망과 불평과 저주와 욕이 나올 때는 절대로 하나님의 은혜가 우리에게 임하지 않습니다. 그러므로 우리는 늘 우리의 입술로 하나님을 찬양하는 데 힘써야 합니다.

이어서 야고보서는 한 입술로 하나님을 찬양하기도 하고, 형제를 저주하기도 하는 모순에 대해 여러 비유를 들며 말씀합니다.

한 샘터에서는 같은 맛의 물이 나오고, 무화과나무에는 무화과가, 포도나무에는 포도가 맺히는 것이 하나님의 창조 질서입니다. 이처럼 하나님의 형상대로 지음을 받은 우리는 그 입술로 하나님께서 원하시는 말을 하며 살아가야 합니다. 하지만 모든 사람은 이 세상에서 죄로 인해 타락함으로 말미암아 하나님이 만드신 입술로 저주를 내뱉게 되었습니다.

하나님의 자녀다운 언어생활을 하기 위해 성령충만을 받아야 합니다. 성령으로 충만함을 받아 하나님께서 본래 지으신 대로 우리의 언어가 회복되어야 합니다. 그리할 때 우리의 말이 늘 하나님을 기쁘시게 하는 말로, 하나님을 높여드리는 찬송으로 변화될 수 있을 것입니다.

하늘의 지혜 vs. 땅의 지혜

야고보서는 자신의 믿음을 행함으로 나타내 보일 것을 끊임없이 강조합니다. 이는 하나님께서 우리에게 주신 지혜에 있어서도 마찬가지입니다.

너희 중에 지혜와 총명이 있는 자가 누구냐 그는 선행으로 말미암아 지혜의 온유함으로 그 행함을 보일지니라(약 3:13)

종종 교회 안에서도 자신의 지혜를 자랑하는 사람이 있습니다. 본문이 "너희 중에 지혜와 총명이 있는 자가 누구냐"라고 묻고 있는 것을 볼 때, 초대교회에도 스스로 지혜롭다고 자랑하는 사람들이 있었던 것으로 보입니다. 그런데 지혜를 나타내는 방법은 따로 있습니다. 그것은 선행을 하는 것입니다. "그 행함을 보일지니라"라는 말씀처럼 진정한 지혜는 행함으로 나타나야 합니다. 행함으로 믿음을 나타내 보이듯이(약 2:18), 지혜 역시 행함으로 나타내 보여야 하는 것입니다.

그런데 야고보서는 지혜에도 '땅 위의 지혜'와 '위로부터 난 지혜'가 있다고 말씀합니다. 먼저, 땅 위의 지혜의 특성은 다음과 같습니다.

> 그러나 너희 마음 속에 독한 시기와 다툼이 있으면 자랑하지 말라 진리를 거슬러 거짓말하지 말라 이러한 지혜는 위로부터 내려온 것이 아니요 땅 위의 것이요 정욕의 것이요 귀신의 것이니 시기와 다툼이 있는 곳에는 혼란과 모든 악한 일이 있음이라(약 3:14-16)

땅 위의 지혜는 모든 것의 초점을 자기 자신에게 맞춥니다. 땅 위의 지혜를 좇는 사람은 자신이 다른 사람보다 풍요로워지는 일, 자신의 이름이 높아지는 것에 관심이 있습니다. 그래서 다른 사람이 자신보다 더 나은 삶을 사는 것처럼 보이면, 그 사람을 시기하고 싸움을 일으켜서라도 남이 가진 것을 빼앗으려고 합니다. 그리고 자신의 이익을 위해서라면 거짓말도 서슴지 않습니다.

이러한 특성을 가진 땅 위의 지혜로 말미암아 이 땅에는 전쟁이 끊이지 않게 되었습니다. 또한, 온갖 권모술수가 난무하고 부정부패가 일어나게 되었습니다. 야고보서의 말씀대로 혼란과 모든 악한 일이 일어나게 된 것입니다. 이 같은 모습들은 세상 사람들에게서만 나타나는 것이 아닙니다. 그리스도인들도 땅 위의 지혜를 좇기 시작하면 서로 시기하고 다투는 일에 혈안이 됩니다.

예수님의 제자들도 땅 위의 지혜에 매여있을 때에는 이 같은 모습을 보였습니다. 세베대의 두 아들 야고보와 요한은 예수님이 왕과 같이 되었을 때 높은 자리를 달라고 요청했습니다(마 10:37). 그 모습을 본 나머지 열 제자는 화를 내고 시기했습니다(막 10:41). 이렇게 시기와 질투와 다툼이 일어난 것은 예수님의 제자들이 예수님과 함께 생활하면서도 위로부터 난 하늘의 지혜가 아니라 땅의 지혜를 좇았기 때문입니다. 예수님의 제자들과 같이 우리도 자칫 잘못하면 땅 위의 지혜를 좇아갈 수 있다는 것을 알고, 땅의 지혜, 정욕의 지혜, 귀신의 지혜에 빠지지 않도록 경계해야 합니다.

이어서 야고보서는 땅 위의 지혜와 반대되는, 위로부터 난 지혜에 대해 다음과 같이 말씀합니다.

오직 위로부터 난 지혜는 첫째 성결하고 다음에 화평하고 관용하고
양순하며 긍휼과 선한 열매가 가득하고 편견과 거짓이 없나니
(약 3:17)

위로부터 난 지혜는 땅 위의 지혜와는 정반대되는 특성을 갖고 있습니다. 앞서 말씀드린 대로 땅 위의 지혜는 사람의 정욕을 추구하는 지혜이지만, 위로부터 난 지혜는 하나님의 뜻을 추구하는 지혜입니다. 야고보서가 말씀하는 위로부터 난 지혜의 종류는 총 일곱 가지입니다.

1) 성결

야고보서에서 말씀하는 성결은 순수한 믿음을 의미합니다. 개역개정 성경에서는 '성결'이라고 번역했지만, NIV 성경은 성결을 'pure'(순수한)라고 번역합니다. 우리는 하나님 앞에 흠 없고 순수한 믿음을 가져야 합니다.

때때로 우리는 이 땅 위의 지혜와 하나님의 지혜를 겸하여 얻고자 합니다. 현재 한국사회를 흔들고 있는 물질만능주의를 대표적인 예로 들 수 있습니다. 세상 사람들은 세상의 지혜로

돈을 얻고자 자신의 온 생애를 쏟습니다. 그런데 예수님을 믿는 그리스도인조차도 세상 사람처럼 부를 쌓기 위해 모든 것을 바쳐 노력할 때가 있습니다. 예수님은 이와 같은 모습에 대해 단호하게 경고하셨습니다.

> 한 사람이 두 주인을 섬기지 못할 것이니 혹 이를 미워하고 저를 사랑하거나 혹 이를 중히 여기고 저를 경히 여김이라 너희가 하나님과 재물을 겸하여 섬기지 못하느니라(마 6:24)

우리는 하나님과 세상 사이에서 갈팡질팡해서는 안 됩니다. 단호하게 세상의 지혜를 버리고, 위로부터 난 성결의 지혜를 좇아 하나님만 바라보아야 합니다. 복음 외의 것은 결코 받아들이지 말고, 하나님의 말씀만을 순수하게 믿고 따르는 우리가 되어야 합니다.

2) 화평

화평은 이웃을 사랑하고 이웃과 평안하게 지내는 것을 말합니다. 우리나라는 전 세계에서 유일하게 남은 분단국가입니다. 이 세상의 지혜를 좇는 사람들은 남과 북의 분단된 상황을 통해 자신들의 이익을 얻으려고 애쓰지만, 위로부터 난 화평의 지혜를 좇는 우리 그리스도인들은 복음을 들고 평화통일을 이루기 위해 힘써야 합니다. 하나님의 말씀을 따라 화평을 이루기 위해 노력하는 사람들에게 예수님은 다음과 같은 복을 약속하셨습니다.

화평하게 하는 자는 복이 있나니 그들이 하나님의 아들이라 일컬음을 받을 것임이요(마 5:9)

우리는 화평하게 하는 사람들이 누리는 복을 얻기 위해 힘써야 합니다. 남과 북의 민족 갈등, 좌우의 이념 갈등, 동서의 지역 갈등을 비롯하여 이웃과의 갈등, 가족 간의 갈등을 화평하게 하는 하나님의 자녀들이 되어야 합니다. 그리할 때, 세상 사람들이 우리를 보고 "저 사람들은 하나님의 사람들이야. 저렇게 가는 곳마다 싸움이 있는 곳에 화해와 용서를 가져오는 것을 보니 분명 예수 믿는 사람들이야."라고 고백하게 될 것입니다.

3) 관용

관용은 다른 사람을 배려하고, 존중히 여기며, 잘 대접하는 것을 말합니다. 보통 다툼과 갈등은 자신에게는 한없이 관대하면서도 다른 사람에게는 엄격한 잣대를 들이대서 생기는 경우가 많습니다. 다툼을 피하고 화평을 이루기 위해서는 자기 자신을 아끼는 것처럼 다른 사람을 아끼고, 자신의 가정을 존중하는 것처럼 다른 가정도 존중할 수 있어야 합니다. 사도 바울은 주님이 오실 날이 가까이 왔기 때문에 모든 사람에게 관용을 베풀도록 권면했습니다.

너희 관용을 모든 사람에게 알게 하라 주께서 가까우시니라(빌 4:5)

이러한 관용은 세상 사람과의 관계에서뿐만 아니라, 교회 공동체 안에서도 필수적입니다. 교회는 서로 다른 지체가 모여 예수 그리스도 안에서 한 몸을 이루는 공동체입니다. 이를 위해 교회는 서로 옳고 그름을 따지는 곳이 아니라 서로의 약한 모습과 아픔을 감싸고 돌보는 곳이 되어야 합니다.

4) 양순

양순은 하나님의 말씀에 유순하게 순종하는 것을 의미합니다. 우리가 하나님 앞에 온전히 순종하기 위해서는 자신의 교만한 모습을 내려놓아야 합니다. 겸손한 마음으로 하나님 앞에서 자신이 얼마나 큰 죄인이며 흠이 많은지 깨달을 때 하나님께 온전히 순종할 수 있습니다. 예수님은 온전한 순종의 모습을 십자가 위에서 보여주셨습니다. 그래서 사도 바울은 예수님의 순종의 마음을 품으라고 권면합니다.

> 너희 안에 이 마음을 품으라 곧 그리스도 예수의 마음이니 그는 근본 하나님의 본체시나 하나님과 동등됨을 취할 것으로 여기지 아니하시고 오히려 자기를 비워 종의 형체를 가지사 사람들과 같이 되셨고 사람의 모양으로 나타나사 자기를 낮추시고 죽기까지 복종하셨으니 곧 십자가에 죽으심이라(빌 2:5-8)

또한, 우리는 하나님만이 아니라 교회의 지도자로 세워진 사람들에게도 순종의 모습을 보여야 합니다. 교회의 지도자는 하나님께서 세우신 것이기에, 그들을 향한 순종도 하나님의 뜻 안에 있는 것입니다.

> 젊은 자들아 이와 같이 장로들에게 순종하고 다 서로 겸손으로 허리를 동이라 하나님은 교만한 자를 대적하시되 겸손한 자들에게는 은

우리는 하나님께 순종하듯이 교회 안에서 서로 순종함으로써 교회를 세워나가야 합니다. 하나님께서 예수님의 순종을 통해 온 인류를 구원하셨듯이, 우리의 순종을 통해 교회를 세우시고 땅끝까지 복음이 전파되게 하실 것입니다.

5) 긍휼

긍휼은 도움이 필요한 사람에게 동정심을 갖고 도와주는 것을 말합니다. 그런데 긍휼은 다른 사람의 입장이 되어 다른 사람을 이해할 때 온전하게 이루어집니다. 세상 사람들은 다른 사람을 도와줄 때도 자신의 입장에서 생각하기 쉽습니다. 도와주면서도 이해타산을 앞세웁니다. 이 사람을 도와주면 그다음 나에게 어떤 보상이 돌아올 것인지를 먼저 생각하는 것입니다. 하지만 하나님의 긍휼하심을 입은 우리는 세상 사람들과 같은 모습을 보여서는 안 됩니다. 긍휼이 무궁하신 하나님께서는 우리의 처지를 헤아리시고, 우리를 위해 아무런 대가 없이 자신의 아들을 내어주셨기 때문입니다.

우리는 이러한 하나님의 긍휼하심을 기억하며 다른 사람을 궁휼히 여기는 마음을 품어야 합니다. 이제부터 우리 주변의 이웃들, 특히 가난으로 고통당하는 사람, 가정환경이 어려운 사람, 몸이 불편해 생활에 어려움을 겪는 사람들의 입장을 이해하며 살아가시기 바랍니다. 우리의 궁휼이 이들에게 큰 은혜와 감동이 되며, 그 궁휼을 베푸는 우리에게도 하나님의 복이 임하게 될 것입니다.

6) 선한 열매

사람은 누구나 자신이 믿고 행동한 것에 대한 열매를 맺으며 살아갑니다. 땅 위에서 난 지혜를 좇으며 살아가는 사람들은 땅에 속한 열매를 맺으며 살아갑니다. 다른 사람을 구제하기보다는 자신의 부를 축적하는 데 힘을 쏟고, 넘어진 사람을 일으켜 세워주기보다는 도리어 그 사람을 밟고 올라가려 힘씁니다. 하지만 위로부터 난 지혜를 좇으며 살아가는 사람은 하늘에 속한 선한 열매를 맺습니다. 자신의 소유를 가난한 이웃들과 나누며, 구제하는 데 힘쓰고, 정의로운 사회를 만들기 위해 노력합니다.

이에 대해 예수님은 각 사람이 행한 대로 그 열매를 맺게 될 것이고, 또한 마지막 때에 그 열매대로 각각 심판을 받게 될 것이라고 말씀하십니다.

이와 같이 좋은 나무마다 아름다운 열매를 맺고 못된 나무가 나쁜 열매를 맺나니 좋은 나무가 나쁜 열매를 맺을 수 없고 못된 나무가 아름다운 열매를 맺을 수 없느니라 아름다운 열매를 맺지 아니하는 나무마다 찍혀 불에 던져지느니라(마 7:17-19)

예수님의 말씀처럼 땅의 지혜를 좇으며 사는 사람은 선한 열매를 맺을 수 없고, 하늘의 지혜를 좇으며 사는 사람은 정욕의 열매를 맺을 수 없습니다. 그러므로 항상 위로부터 난 지혜를 좇아 선한 열매를 맺음으로써 주님 오실 그날에 하나님의 심판을 피하고 더 나아가 하나님께 칭찬받는 우리가 되어야 하겠습니다.

7) 편견과 거짓이 없음

마지막으로, 야고보서는 위로부터 난 지혜에 대해 편견과 거짓이 없다고 말씀합니다. 편견이 없다는 것은 사람 사이에 서로 차별하지 않는 것을 의미합니다. 앞서 야고보서 2장도 믿는 사람들끼리 서로 차별하지 말라고 거듭 강조했습니다.

너희끼리 서로 차별하며 악한 생각으로 판단하는 자가 되는 것이 아

하늘의 지혜, 위로부터 난 지혜를 받은 사람은 사람의 외모나 조건을 보고 차별하지 않습니다. 왜냐하면 우리가 믿는 하나님은 사람의 외모가 아니라 중심을 보는 분이시기 때문입니다(삼상 16:7). 따라서 하나님의 자녀인 우리는 사람의 편협한 눈이 아니라 하나님의 사랑의 눈으로 사람들을 바라봐야 합니다.

또한, 하나님의 사랑 안에 거하는 사람에게는 거짓이 없습니다.

사랑에는 거짓이 없나니 악을 미워하고 선에 속하라

하나님은 우리에게 완전한 사랑을 베풀어 주셨습니다. 그 사랑을 받은 우리는 모든 죄를 용서받았기 때문에 더 이상 그 무엇도 부끄러워하거나 감출 필요가 없습니다. 우리가 하나님 앞에 정직하게 나아가 죄를 용서받으면, 거짓을 말하지 않고 참된 자유를 누릴 수 있습니다(요일 1:9).

지금까지 살펴본 일곱 가지의 위로부터 난 지혜에 대해 R. C. 스프로울 목사님의 말씀을 인용하여 정리하고자 합니다.

"위로부터 난 지혜에는 아름다움의 향내가 난다. 이 지혜에는 이기적인 마음이나 오만한 마음이 전혀 섞이지 않았고, 다투기보다는 화평을 구한다. 교만하기보다는 관용하며, 자신의 길만 고집하기보다는 양순하다. 긍휼로 가득하며, 선한 열매를 맺을 뿐 아니라, 그 자체가 선한 열매다. 위로부터 난 지혜의 특징들이 성령의 열매의 본질을 얼마나 잘 반영하는지 보라! 또한 편견이 없다. 논쟁에서 이기거나 우리 편으로 여겨지는 사람들을 보호하는 데 전혀 관심이 없으며, 오히려 세상을 하나님의 관점으로 보려고 애쓴다!"

땅 위의 지혜를 좇는 사람의 결말은 혼란과 모든 악한 일이지만, 스프로울 목사님이 강조하신 것처럼 위로부터 난 지혜를 따라 화평을 이루는 사람들은 의의 열매를 맺습니다.

화평하게 하는 자들은 화평으로 심어 의의 열매를 거두느니라 (약 3:18)

위로부터 난 지혜, 하늘의 지혜, 거룩한 지혜, 영적인 지혜, 말씀의 지혜를 가지고 주님을 섬길 때 하나님께서 우리를 통하여 영광을 받으시고 놀라운 일을 이루십니다. 그러므로 우리는 갈등과 분열이 만연한 이 세상에서 위로부터 난 지혜를 좇아 화평을 이루는 삶을 살아가야 합니다.

땅 위의 지혜로 말미암아 자신이 일평생 쌓아온 부를 잃는 시련을 당했지만, 이에 굴하지 않고 하나님의 선한 뜻을 따름으로써 의의 열매를 맺은 폴 마이어라는 사업가를 소개합니다.

폴 마이어는 20세기에 활동한 미국의 사업가입니다. 그는 자신이 거두어들인 이익의 50%를 기부한 '기부왕'으로 잘 알려져 있습니다. 또한, 기부왕이라는 별명 말고도 '보험세일즈 왕'으로도 불리며, 성공동기연구소(SMI, Success Motivation Institute)의 설립자로서 저술가, 강연가로도 큰 성공을 거둔 분입니다.

본래 그는 가난한 독일 이민자 가정 출신으로, 8살의 어린 나이부터 일하기 시작했습니다. 집안 사정 때문에 대학을 그만두고 보험회사 취업에 도전했는데, 면접에서 57번이나 떨어졌고, 58번째 간신히 입사한 회사에서도 3주 만에 해고되었습니다. 다행히 59번째 도전 끝에 간신히 생명보험 세일즈를 시작하게 되었습니다. 그런데 그의 인생에 놀라운 반전이 일어났습니다. 이 반전 때문에 폴 마이어는 놀라운 성공을 거두어서, 불과 27살의 나이에 큰 성공을 하게 되었습니다.

 행함이 있는 믿음

반전의 내용은 다음과 같습니다. 어느 날 폴 마이어는 자신의 재산을 노린 사람들에게 사기를 당해서 재산에 큰 피해를 입게 되었습니다. 자신도 사기를 당한 입장이었기 때문에 법적으로 책임을 질 필요까지는 없었지만, 그는 자신이 고용한 사원들과 고객들을 끝까지 책임지기로 결심했습니다. 백만 달러가 넘는 재산을 가지고 있었지만, 모든 문제들을 해결하고 나니 도리어 약 10만 달러의 빚을 지게 되었습니다.

그런데 하나님께서는 사원들과 고객들을 위해서 최선을 다한 폴 마이어를 더욱 크게 축복하셨습니다. 그동안 자신이 이뤘던 성공 방법을 사람들과 나누고자 자기계발 프로그램을 만들었는데, 이것이 '성공동기연구소'(SMI) 설립으로 이어졌고, 자기계발 프로그램의 선구자가 되어서 큰 부자가 되었습니다. 그 외에도 교육, 컴퓨터소프트웨어, 금융, 부동산, 인쇄, 제조, 항공 등 40개가 넘는 회사를 운영하게 되었고, 책과 기록물로도 엄청난 수입을 올리는 거부가 되었습니다. 하지만 독실한 그리스도인인 그는 자신의 부를 그저 창고에 쌓아두는 데 그치지 않고, 청지기적 삶을 살고자 수입의 50%를 선한 사업에 기부했습니다.

그리고 자신의 저서에서 선한 청지기의 8가지 기본 정신을 소개했습니다. 그중 몇 가지를 보면, '우선적으로 십일조를 드려라', '끊임없이 주는 사람이 되라', '하나님께 순종하고 하나님을 신뢰하라' 등의 신앙적 가치관이 눈에 띕니다. 이러한 정신을 기본으로 자신의 인생 목표를 '가능한 한 많은 사람을 위해, 가능한 한 많은 방법으로, 가능한 한 오랫동안, 가능한 한 많은 선행을 행하는 것'이라고 말했던 폴 마이어는 평생을 봉사와 나눔의 삶을 실천하며 선한 청지기의 삶을 살았습니다. 이러한 삶의 기쁨에 대해 그는 다음과 같이 고백했습니다.

"나는 그저 사람들이 받는 것을 잊어버리고 마냥 주고, 주고, 또 주기만 했으면 좋겠습니다. 사람들이 평화와 행복을 누릴 수 있는 길은 그것뿐이에요. 그것이 내가 평생을 바쳐 한 일입니다. 나의 전체 목표 프로그램에는 영적인 기초가 있습니다. 나와 예수 그리스도의 관계, 그리고 하나님께 대한 나의 복종에 근거를 두고 있지요. 나는 하나님을 위해 최선을 다한 사람으로 죽고 싶습니다. 나는 주님의 하인, 예수 그리스도의 종이 되고 싶습니다!"

세상의 지혜에 관심이 집중되어있는 이 세상에서 하늘의 지혜로 사는 것이 때로는 힘들게 느껴질 수도 있습니다. 하지만

　　　　　　　　　　　　　　　　　　　행함이 있는 믿음

폴 마이어처럼 위로부터 난 지혜를 좇으며 살아갈 때 우리는 진정한 평화와 행복을 누릴 수 있습니다. 또한, 하나님께서는 하늘의 지혜를 따라가는 사람에게 하나님의 영광을 예비해 놓으셨습니다. 우리는 그 영광을 바라보며 포기하지 않고 나아가야 합니다.

그러나 우리가 온전한 자들 중에서는 지혜를 말하노니 이는 이 세상의 지혜가 아니요 또 이 세상에서 없어질 통치자들의 지혜도 아니요 오직 은밀한 가운데 있는 하나님의 지혜를 말하는 것으로서 곧 감추어졌던 것인데 하나님이 우리의 영광을 위하여 만세 전에 미리 정하신 것이라(고전 2:6-7)

야고보서 3장은 우리에게 행함이 있는 믿음의 두 가지 모습을 가르쳐주고 있습니다. 첫째는 말을 통해서, 둘째는 지혜로운 생활을 통해서 우리의 믿음을 실천해야 합니다. 먼저, 우리는 성령의 충만함을 받아 말을 잘 다스려야 합니다. 부정적인 말, 다른 사람을 낙심하게 하는 말을 피하고, 긍정적인 말, 칭찬하는 말, 사랑과 용서의 말을 해야 합니다. 어떠한 경우에도 하나님을 찬양하는 입에서 저주와 모욕의 말이 나오지 않도록 결심해야 합니다.

또한, 우리는 위로부터 난 지혜를 얻어 이 세상을 화평하게 하는 사람이 되어야 합니다. 땅 위의 지혜로 가득 찬 이 세상에서 관용을 베풀고, 서로 사랑을 실천하며 용서함으로써 주님 안에서 복된 인생을 누리시기를 바랍니다.

요약

야고보서 3장은 믿는 사람의 행함 중에서 특별히 말과 지혜에 대해 강조합
니다. 혀는 마치 큰 배를 움직이는 작은 키와 같아서 그 혀로 하는 말이 우리
의 온몸과 우리의 삶, 인간관계를 좌우합니다. 말은 한 사람의 영혼을 살리
기도 하고, 죽이기도 하는 힘을 갖고 있습니다. 우리가 사람을 살리는 긍정
적인 말을 하기 위해서는 절대 긍정과 절대 감사의 믿음으로 무장되어야 하
고, 무엇보다 성령으로 충만한 사람이 되어야 합니다. 우리가 성령충만하면
성령님께서 우리의 언어습관을 하나님을 기쁘시게 하는 방향으로 변화시
켜 주십니다. 또한, 그리스도인은 말을 조심하는 것과 더불어 하늘의 지혜를
사모해야 합니다. 땅 위의 지혜는 모든 것의 초점을 자기 자신에게 맞춰 육
체의 정욕을 좇아가게 하지만, 하늘의 지혜는 우리가 하나님의 뜻을 추구하
게 만듭니다. 땅 위의 지혜는 잠시의 쾌락을 줄 뿐이지만, 하늘의 지혜는 영
원한 기쁨을 줍니다. 땅 위의 지혜가 만연한 이 세상에서 하늘의 지혜를 좇
으며 살아가는 것은 힘든 일이지만, 마지막 때에 하나님이 주실 상급을 소
망하며 끝까지 나아가야 합니다.

묵상

나는 평소에 긍정적인 말을 하는 사람입니까? 아니면 부정적인 말을 하는
사람입니까? 내가 고쳐야 할 언어습관은 무엇입니까? 야고보서가 제시한
일곱 가지 하늘의 지혜 중에서 아직 내가 갖추지 못한 것은 무엇입니까?

적용

하루에 세 번 이상 칭찬하는 말, 위로와 격려하는 말, 감사의 말을 해봅시다.
화평을 이루기 위해 아직 용서하지 못한 이웃을 용서합시다.

성결

행함이 있는
믿음의 여정

4장

성결
행함이 있는 믿음의 여정

___

약 4:1-17

¹너희 중에 싸움이 어디로부터 다툼이 어디로부터 나느냐 너희 지체 중에서 싸우는
정욕으로부터 나는 것이 아니냐

²너희는 욕심을 내어도 얻지 못하여 살인하며 시기하여도 능히 취하지 못하므로 다
투고 싸우는도다 너희가 얻지 못함은 구하지 아니하기 때문이요

³구하여도 받지 못함은 정욕으로 쓰려고 잘못 구하기 때문이라

⁴간음한 여인들아 세상과 벗된 것이 하나님과 원수 됨을 알지 못하느냐 그런즉 누구
든지 세상과 벗이 되고자 하는 자는 스스로 하나님과 원수 되는 것이니라

⁵너희는 하나님이 우리 속에 거하게 하신 성령이 시기하기까지 사모한다 하신 말씀
을 헛된 줄로 생각하느냐

⁶그러나 더욱 큰 은혜를 주시나니 그러므로 일렀으되 하나님이 교만한 자를 물리치
시고 겸손한 자에게 은혜를 주신다 하였느니라

⁷그런즉 너희는 하나님께 복종할지어다 마귀를 대적하라 그리하면 너희를 피하리라

⁸하나님을 가까이하라 그리하면 너희를 가까이하시리라 죄인들아 손을 깨끗이 하라
두 마음을 품은 자들아 마음을 성결하게 하라

⁹슬퍼하며 애통하며 울지어다 너희 웃음을 애통으로, 너희 즐거움을 근심으로 바꿀
지어다

¹⁰주 앞에서 낮추라 그리하면 주께서 너희를 높이시리라

¹¹형제들아 서로 비방하지 말라 형제를 비방하는 자나 형제를 판단하는 자는 곧 율법
을 비방하고 율법을 판단하는 것이라 네가 만일 율법을 판단하면 율법의 준행자가

아니요 재판관이로다

¹²입법자와 재판관은 오직 한 분이시니 능히 구원하기도 하시며 멸하기도 하시느니라 너는 누구이기에 이웃을 판단하느냐

¹³들으라 너희 중에 말하기를 오늘이나 내일이나 우리가 어떤 도시에 가서 거기서 일 년을 머물며 장사하여 이익을 보리라 하는 자들아

¹⁴내일 일을 너희가 알지 못하는도다 너희 생명이 무엇이냐 너희는 잠깐 보이다가 없어지는 안개니라

¹⁵너희가 도리어 말하기를 주의 뜻이면 우리가 살기도 하고 이것이나 저것을 하리라 할 것이거늘

¹⁶이제도 너희가 허탄한 자랑을 하니 그러한 자랑은 다 악한 것이라

¹⁷그러므로 사람이 선을 행할 줄 알고도 행하지 아니하면 죄니라

———————

　예수님을 믿음으로 하나님의 자녀가 된 사람들에게는 근본적인 변화가 있습니다. 그것은 겉모습이 아니라 영적인 모습이 새롭게 되는 것입니다. 전에는 마귀의 종이었기 때문에 쉽게 죄의 유혹에 빠져서 죄를 짓고 불의하며 방탕한 삶을 살았다면, 예수님을 믿은 후부터는 신분이 바뀌어 하나님의 자녀가 되고 하나님을 기쁘시게 하는 거룩한 삶을 살게 됩니다.

　'거룩'은 '세상과 구별되는 것'을 의미합니다. '거룩한 삶'은 이 세상에 살면서도 죄와 상관없이, 곧 죄와 구별되어 사는 삶입니다. 육신은 늘 죄의 유혹을 받고 자꾸 넘어지려고 하지만 우리는 늘 말씀으로 충만하여 죄와 싸우고 이겨야 합니다. 우리 안에 있는 죄의 본성을 물리쳐야만 하는 것입니다. 날마다 거룩해지는 이러한 과정을 가리켜 신학적으로 '성화'라고 합니다. 우리는 예수님을 믿은 후 날마다 거룩해짐으로 성화되고 영적인 성숙을 이루어야 할 것입니다.

야고보서 4장 말씀을 통해 우리가 세상과 벗하지 않고, 어떻게 하나님을 기쁘시게 하는 거룩한 삶을 살 수 있는지에 대해 살펴보도록 하겠습니다.

정욕과 기도는 함께 갈 수 없다

우리는 인생에서 다양한 부류의 사람들을 만납니다. 그리고 누군가와 함께 삶의 많은 부분을 공유하며 살아갑니다. 그런데 우리는 살아가면서 만나게 되는 사람들과 좋은 관계를 맺고 유지해가기도 하지만, 때로는 서로 간에 의견 충돌이 생겨서 사소한 다툼이나 싸움이 일어나기도 합니다. 사람들 사이에 일어나는 이러한 싸움과 다툼은 곧바로 서로의 마음에 상처를 주게 되고, 심하면 관계를 깨뜨리는 원인이 됩니다. 이렇듯 사람들 간에 다툼이 생기는 것은 각자가 자기만이 옳다고 생각하는 잘못된 판단 때문입니다. 내 생각과 다른 생각을 인정하지 않고 그것을 틀렸다고 여기는 것입니다. 그래서 싸우게 되고 다툼이 생깁니다.

한 예로 부부간에도 종종 아무것도 아닌 일들로 인해 다툼이 일어납니다. 남편은 부인이 틀렸다고 생각하고, 부인은 남편이 잘못이라고 생각합니다. 그러나 실제 다툼이 일어난 경위를 살펴보면, 필요 없는 자존심 싸움인 경우가 대부분입니다. 자아가 강한 사람일수록, 이기적인 마음이 큰 사람일수록 자기만이 옳다는 생각에 사로잡혀 있어서 다른 사람의 입장을 헤아려주지 못하고 그로 인해 다툼이 잦아지는 것입니다.

본문은 사람들 사이의 다툼이 "정욕"으로부터 나온다고 말씀합니다. 정욕은 이기적인 마음과 연결되는데, 앞서 밝힌 바와 같이 다른 사람의 말을 듣지 않고 자기의 생각만을 고집함으로 인해 다툼의 불씨가 되는 것입니다. 더 나아가 정욕은 자기의 것을 빼앗기지 않고 움켜쥐려 하며 다른 사람의 것까지도 자

기의 것으로 만들려는 욕심이라고 할 수 있습니다. 이러한 정욕
으로 인해 사람들 사이에 늘 갈등이 생기고 다툼이 끊이지 않는
것입니다. 물질이든, 외모이든, 능력이든, 지식이든 무조건 자
기가 다른 사람보다 더 많이 가져야 하고, 더 뛰어나야 한다는
생각이 사람들 사이의 관계를 깨뜨리고 분쟁을 가져오게 되는
것입니다.

> 오직 주 예수 그리스도로 옷 입고 정욕을 위하여 육신의 일을 도모하
> 지 말라(롬 13:14)

사도 바울은 정욕을 위한 육신의 일을 도모하지 말라고 합니
다. 정욕은 쾌락을 추구하고 절제하지 못하며 감각적인 육신의
일만을 좇도록 할 뿐이기 때문입니다. 모두가 육신의 정욕을 버
리고 하나님께서 각자에게 허락해주신 분량에 만족하며 살 때,
사람들 간의 다툼도 사라지게 될 것입니다. 우리 안에 있는 육
신의 생각, 곧 정욕을 끊어내고 오직 그리스도의 옷을 입어 하
나님이 기뻐하시는 거룩한 삶을 살아야 하겠습니다.

너희는 욕심을 내어도 얻지 못하여 살인하며 시기하여도 능히 취하

인생에서 아무리 자기의 욕심을 추구하며 산다고 해도 결국 원하는 것을 다 얻을 수 있는 사람은 없습니다. 사람의 욕심은 한이 없어서 이 세상 어느 것으로도 그 마음을 채워줄 수 없기 때문입니다. 우리가 행복하기를 원한다면 정욕을 좇지 말고 하나님이 기뻐하시는 삶을 살아야 합니다. 사람들은 더 많이 가지고 더 높이 올라가며 더 많은 것을 누려야 행복할 수 있다고 생각하지만 그렇게 해서 얻어지는 행복은 없습니다. 우리와 함께 하시는 하나님을 알지 못하고 우리를 구원하신 예수님을 모른 채, 세상의 부귀와 영화를 좇는 인생은 헛되고 무상할 뿐이기 때문입니다.

일례로 정치권을 보아도, 진정으로 국민을 위하고 섬기는 이들보다 권력이 주는 달콤함에 빠져서 더 큰 권력을 쥐고 더 오랫동안 권력을 누리기 위해 수단과 방법을 가리지 않는 이들이 많은 것 같습니다. 기업인들 역시 축적된 재화를 사회에 환원하고 부의 재분배를 실현하는 분들은 상대적으로 적고, 정치권과의 결탁 등 어떤 불의한 방법을 동원해서라도 이윤을 극대화하고 재화를 끌어모으는 데에 급급한 모습을 더 많이 보게 됩니다.

그러나 권력도 부도 결코 영원할 수 없습니다. 하나님께서 거두어가시면 한순간에 사라져버리고 마는 것입니다. 인기와 명예, 사람들로부터 얻는 인정도 마찬가지입니다. 새들백교회의 릭 워렌 목사님은 그의 유명한 저서, 『목적이 이끄는 삶』에서 이렇게 지적했습니다.

"다윗이 시편에서 그랬듯이, 기도를 통해 하나님께 마음을 쏟아 놓으라! 그분에게 울부짖으라! 하나님을 제외한 그 누구도 우리의 모든 필요를 채워줄 수 없다. 사도 야고보는 대부분의 갈등이 기도의 부족으로 생긴다고 지적했다. '너희는 욕심을 내어도 얻지 못하여… 다투고 싸우는도다 너희가 얻지 못함은 구하지 아니하기 때문이요'(약 4:2). 그러나 우리는 하나님께 눈을 돌리기 전에 다른 사람들이 우리를 기쁘게 해주기를 기대한다. 그리고는 그들이 우리를 실망시켰다고 화를 낸다. 그때 하나님은 나에게 '왜 먼저 오지 않았느냐?'라고 말씀하실 것이다!"

우리는 흔히 사람들에게 자신이 어떻게 보이는지에 관심을 가지며, 사람들에게 인정받기를 원합니다. 그래서 누군가에게 말 한마디라도 칭찬을 들으면 기분이 좋아서 우쭐대다가도, 누가 자기에게 비판의 말이라도 하면 그 말로 인해 표정이 굳고 상심해버립니다. 이렇듯 사람은 말 한마디에도 죽고 사는 것입니다. 그러나 우리는 사람이 아닌 하나님께 인정받는 자가 되어야 합니다. 사람의 말에 귀를 기울이기보다 하나님의 말씀에 귀를 기울여야 할 것입니다. 예수님이 늘 마음에 계셔서 말씀으로 다스려주시고 인생의 길을 인도해주실 때, 우리는 비로소 진정한 기쁨과 은혜를 경험하며 행복을 누리는 삶을 살 수 있습니다. 더 이상 세상의 것이 아닌 하늘의 신령한 것을 사모하는 우리가 되어야 하겠습니다.

이는 세상에 있는 모든 것이 육신의 정욕과 안목의 정욕과 이생의 자랑이니 다 아버지께로부터 온 것이 아니요 세상으로부터 온 것이라 (요일 2:16)

예수님을 믿는 주의 백성들은 육신의 정욕을 따라서는 안 됩니다. 안목의 정욕을 좇아서도 안 됩니다. 이생의 자랑을 추구해서도 안 됩니다. 이것은 모두 하나님께로부터 온 것이 아니기 때문입니다. 내 욕심을 좇고 눈앞에 보이는 것만 따라가는 것은 결코 잡을 수 없는 것을 잡으려고 애쓰는 헛수고일 뿐입니다. 결국, 사람들 사이의 다툼과 분쟁에 휘말려 더 큰 문제와 어려움에 빠지게 될 것입니다.

예수님은 이 땅에 오셔서 우리에게 사랑하고 용서하며 희생하는 삶의 본을 보여주셨습니다. 우리는 감사하게도 예수님을 통해 세상에서 어떤 삶을 살아야 할지 배울 수 있습니다. 예수님은 소외된 자, 병든 자, 문제 있는 자, 고통당하는 자, 어려움 당하는 자들과 친하게 지내셨습니다. 당시 권력을 가진 사람들과 친하게 지내신 것이 아닙니다. 그러시기는커녕 오히려 그들을 책망하셨습니다.

> 독사의 자식들아 너희는 악하니 어떻게 선한 말을 할 수 있느냐 이는 마음에 가득한 것을 입으로 말함이라(마 12:34)

예수님은 그들이 겉으로는 거룩한척하지만 속은 부패하고 탐욕이 가득한 것을 보신 것입니다. 우리는 세상을 향한 욕심을 버리고 다툼을 그쳐야 합니다. 이 땅에 살면서도 하늘의 지혜를 가지고 높은 데 뜻을 두며 살아가는 주님의 자녀들이 되어야 할 것입니다.

> 그런즉 너희는 먼저 그의 나라와 그의 의를 구하라 그리하면 이 모든 것을 너희에게 더하시리라(마 6:33)

주님이 주신 말씀과 같이 우리는 세상의 낮은 것에 소망을 두지 말고 먼저 하늘의 높은 곳에 뜻을 두어야 합니다. 곧, 세상에서 취할 수 있는 것이 아닌 하나님의 영광이 우리의 목표가 되어야 합니다. 정치 지도자들은 하나님의 뜻을 이루기 위한 정치를 하고, 기업인들은 하나님의 영광을 위해 사업을 경영해야 합니다. 정욕으로 인한 잘못된 마음을 바로잡고 하나님의 영광과 선한 목적을 추구하는 인생이 되어야 합니다. 이렇듯 하나님의 영광을 목적으로 하며 하늘의 높은 곳에 뜻을 두는 인생은 날마다 하나님을 찾고 주께 기도하는 자들에게 주어지는 것입니다. 우리는 하나님을 향해 기도함으로써 주님이 주신 참된 기쁨과 은혜를 누리는 자들이 되어야 합니다. 하나님은 주께 엎드리는 자의 기도를 들으십니다. 자기의 욕심을 따라 살지 말고 이제는 하나님 앞에 거룩한 뜻을 품고 기도해야 할 것입니다. 그 기도의 목적이 올바를 때 하나님은 우리의 기도에 응답하십니다.

구하여도 받지 못함은 정욕으로 쓰려고 잘못 구하기 때문이라

(약 4:3)

야고보서는 우리가 기도하지 않기 때문에 응답받지 못하기도 하지만, 우리가 기도하더라도 자기의 욕심을 따라 구하기 때문에 응답받지 못한다고 말씀합니다. 우리가 기도할 때 어떤 기도를 하고 있는지 살펴보아야 합니다. 하나님께 마음을 쏟는 기도를 드리고 있는지, 하나님의 영광을 위한 기도를 드리고 있는지를 점검해보아야 할 것입니다. 많은 사람이 자기의 세상적 욕심을 채우기 위해 기도하고 있습니다. 눈에 보이지 않는 하나님보다 자기 자신이 더 중요하고 크게 보이기 때문입니다. 자기에게 초점을 맞추는 사람은 하나님이 보이지 않습니다. 어떻게 하면 자신을 더 돋보이게 하고 사람들에게 인정받을지만 궁리하게 되는 것입니다.

진정한 믿음의 사람은 하나님의 음성을 듣고 하나님 안에서 기쁨을 얻는 사람입니다. 사람들의 말을 듣고 감정이 오락가락하는 사람은 아직 믿음이 초보적인 단계에 머물러있는 것입니다. 성숙한 믿음의 사람은 다른 사람이 알아주든지 알아주지 않든지 간에 늘 주님의 은혜 안에서 기쁨과 감사로 하나님의 일을

묵묵히 감당하는 사람입니다.

우리 교회에는 눈이 오나 비가 오나 새벽부터 나와서 교통정리를 하는 봉사자들이 있습니다. 이분들은 새벽부터 나와서 열심히 섬기고 칭찬 한마디 듣지 않아도 그저 감사한 마음으로, "내가 주님의 몸 된 교회를 섬길 수 있는 것이 너무나 큰 기쁨입니다. 감사합니다."라고 말합니다. 하늘의 복은 이런 분들에게 임하는 것입니다. 우리는 하늘의 신령한 것을 사모하는 이들이 되어야 합니다. 세상적인 욕심을 채우기 위해 기도하기보다, 하나님의 은혜를 사모하고 하나님의 선한 목적과 영광을 위해 기도하는 우리가 되어야 할 것입니다.

세상의 벗이 될 것인가, 하나님의 벗이 될 것인가

간음한 여인들아 세상과 벗된 것이 하나님과 원수 됨을 알지 못하느냐 그런즉 누구든지 세상과 벗이 되고자 하는 자는 스스로 하나님과 원수 되는 것이니라 너희는 하나님이 우리 속에 거하게 하신 성령이 시기하기까지 사모한다 하신 말씀을 헛된 줄로 생각하느냐 (약 4:4-5)

행함이 있는 믿음

　여기서 "간음한 여인들"이란 하나님에 대한 믿음을 저버린 불신앙의 세대, 영적으로나 육적으로 음란한 세대를 말합니다. 성경은 곳곳에서 하나님과 자기 백성의 관계를 신랑과 신부의 관계로 표현합니다(사 54:5; 렘 2:1-3; 겔 16:8 이하; 호 2:14-20; 롬 7:1-6; 고후 11:2; 엡 5:22-33; 계 19:7 이하). 부부가 결혼이라는 언약 관계 속에서 맺어진 것처럼 하나님과 백성 역시 영적인 언약 관계로 맺어져 있는 것입니다. 그러므로 하나님의 신부인 백성이 세상의 벗이 된다는 것은 영적인 간음을 범한 것이며 하나님과의 언약 관계를 깨뜨린 일이 됩니다. 이렇듯 세상에 마음을 빼앗긴 자는 하나님께로 나올 수 없습니다. 곧, 하나님과 원수가 되고 하나님의 은혜에서 멀어지게 되는 것입니다. 우리는 하나님과 원수 될 것이 아니라 세상과 원수가 되어야 합니다. 세상과 구별되어 하나님의 신실한 백성으로 살아가야 합니다.

　그리고 본문은 우리가 세상이 아닌 하나님과 벗하는 삶을 살아야 하는 이유를 이어서 말씀합니다. 하나님께서 우리 속에 거하게 하신 성령이 시기하기까지 사모하신다는 것입니다. 우리가 세상과 벗 된 것은 신실하신 하나님의 사랑을 무시하는 것이며 하나님으로 하여금 질투하시게 하는 일이 됩니다. 인간은 죄로 말미암아 하나님과의 관계가 끊어지고 저주 가운데 죽을 수

밖에 없는 존재가 되고 말았지만, 하나님께서는 우리를 사랑하여 독생자 예수 그리스도를 내어주셨고 십자가를 통해 우리의 죄를 용서함으로 우리와 화목을 이루셨습니다. 그리고 그 아들 예수 그리스도를 믿는 자마다 하나님께서 성령을 보내주심으로 늘 우리 안에 함께 거하도록 하셨습니다. 이렇듯 우리 안에 계신 성령님은 질투하기까지 우리를 사모하는 분이십니다. 그러므로 우리는 이러한 하나님의 사랑을 기억하며 항상 우리를 구원하신 주님의 은혜 안에 거해야 합니다. 우리가 세상의 것을 바라보지 않고 오직 하나님만 바라보며 하나님의 사랑 안에 거할 때 하나님께서 주시는 영적인 평안과 만족이 날마다 우리 가운데 임하게 될 것입니다.

은혜를 원하는 자, 겸손하라

그러나 더욱 큰 은혜를 주시나니 그러므로 일렀으되 하나님이 교만한 자를 물리치시고 겸손한 자에게 은혜를 주신다 하였느니라

(약 4:6)

하나님은 우리 모두에게 은혜 주기를 원하십니다. 그러나 교

만한 자들은 하나님의 은혜를 받지 못합니다. 하나님은 교만한 자를 대적하시기 때문입니다.

> 젊은 자들아 이와 같이 장로들에게 순종하고 다 서로 겸손으로 허리를 동이라 하나님은 교만한 자를 대적하시되 겸손한 자들에게는 은혜를 주시느니라(벧전 5:5)

우리가 하나님을 가장 잘 섬긴다고 하면서 알게 모르게 교만해있지는 않은지 살펴야 합니다. 또 남보다 높아져서 우리 주위에 있는 사람들을 멸시하고 상처를 주고 있지는 않은지 우리 자신을 돌아보아야 합니다. 우리는 하나님 앞에 철저하게 깨어지고 낮아져서 회개해야 합니다.

2018년 3월 제가 사랑하고 존경하는 어머니 김선실 목사님이 하나님의 부르심을 받으셨습니다. 일찍이 목회자 가정에서 태어나 어린 시절부터 교회를 위해 헌신한 어머니는 제 신앙의 큰 스승이셨습니다. 생전에 어머니께서는 목회자의 길을 가고 있는 저에게 늘 다음과 같이 말씀하셨습니다.

"늘 겸손해라. 섬기는 자세로 교회와 성도들을 잘 섬겨라. 예수님

도 이 땅에 오셔서 섬기러 왔지 섬김을 받으러 온 것이 아니라고
하셨다.”

저는 이러한 어머니의 말씀을 기억하며, 부족하지만 겸손히
예수님만을 자랑하며 살고자 애쓰고 있습니다. 예수님만을 자
랑하고 예수님만을 높이는 인생이 가장 값진 인생이기 때문입
니다.

우리 모두 예수 그리스도로 말미암아 하나님 앞에 철저하게
낮아지고 겸손한 자들이 되어 하나님의 은혜를 온전히 누리게
되기를 예수님의 이름으로 축원합니다.

마귀를 대적하라

그런즉 너희는 하나님께 복종할지어다 마귀를 대적하라 그리하면
너희를 피하리라(약 4:7)

겸손한 자들은 하나님의 말씀에 순복하는 자들입니다. 하나
님께 나아가 우리의 모든 것을 의탁하는 것입니다. 우리가 하나
님께 순종하면 하나님이 기뻐하시고 우리의 모든 것을 책임져

주십니다. 그런데 마귀는 하나님과 우리 사이를 이간질하여 서로 원수 되게 함으로 우리가 하나님께 나아가지 못하도록 합니다. 그리고 하나님께 순종하지 못하게 하고 여전히 죄의 종노릇 하며 살도록 합니다. 그러나 하나님은 우리에게 이러한 마귀를 대적하라고 말씀하십니다. 우리가 마귀를 대적하면 마귀는 쫓겨납니다. 하나님께서는 우리에게 마귀를 대적하고 이길 수 있는 권세를 주신 것입니다.

근신하라 깨어라 너희 대적 마귀가 우는 사자 같이 두루 다니며 삼킬 자를 찾나니 너희는 믿음을 굳건하게 하여 그를 대적하라 이는 세상에 있는 너희 형제들도 동일한 고난을 당하는 줄을 앎이라 (벧전 5:8-9)

마귀는 어떻게 해서든 우리를 넘어뜨리고, 시험에 들게 하고, 섭섭하게 만들고, 상처받게 만들고, 미워하게 만들고, 분노하게 만듭니다. 이것이 다 마귀의 역사입니다. 그러므로 우리는 늘 근신하고 깨어 믿음을 굳게 하고 마귀를 대적해야 합니다. 우리는 세상에서 넘어지고 상처받으며 분노하는 일들에 대해, 환경이나 상대방을 탓함으로 자기 합리화를 해서는 안 됩니다.

"그 상황에선 누구라도 화를 낼 수밖에 없었다."라고 하는 것이 대표적인 자기 합리화입니다. 화를 내는 것의 책임은 자신에게 있습니다. 자신이 스스로 감정을 다스리지 못한 것이기 때문입니다. 물론 감정을 다스리지 못하도록 충동하는 배후에 마귀가 있습니다. 마귀는 "더 화내라.", "더 소리 질러라.", "더 싸워라." 라고 충동합니다. 우리는 근신하고 깨어서 믿음을 굳건하게 해야 합니다. 마귀를 대적해야 합니다. 우리가 마음을 잘 다스리지 못하면 마귀의 충동에 넘어가게 되고 사람들 사이에 충돌과 다툼이 일어나게 되는 것입니다.

마귀에게 틈을 주지 말라(엡 4:27)

우리가 살아가는 동안 이와 같은 영적 싸움은 항상 있습니다. 그러므로 우리는 마귀에게 한순간도 틈을 주어서는 안 됩니다. 마귀는 틈을 노리고 있다가 우리에게 섭섭한 마음이 들어오면, "더 섭섭해라."라고 충동합니다. 우리 마음에 분노가 들어오면, "더 화내라.", "더 소리 질러라.", 자동차 사고가 나도 "목소리 큰 사람이 이긴다.", "더 질러라, 더 질러라."라고 충동합니다. 어느덧 우리 사회는 목소리 큰 사람이 이기는 사회가 되어버린 듯합니다. 그러나 거짓과 다툼은 마귀가 가져다주는 것으로 결국 하나님의 심판대 앞에서 응당한 죄의 값을 치르게 될 것입니다. 그러므로 우리는 절대로 마귀에게 틈을 주지 말고 마음을 잘 다스려서 하나님의 말씀에 온전히 순종하는 자들이 되어야 합니다.

마귀의 간계를 능히 대적하기 위하여 하나님의 전신 갑주를 입으라

(엡 6:11)

하나님께서는 우리에게 마귀를 대적하는 방법을 알려주셨습니다. 그것은 날마다 하나님의 전신 갑주를 입는 것입니다. 전신 갑주를 입는 것은 예수 그리스도로 우리의 마음과 생각과 믿음을 무장하는 것입니다. 예수님은 십자가에 달려 죽으신 지 사흘 만에 부활하시고, 승천하시면서 우리에게 성령을 보내주셨습니다. 성령은 우리의 연약함을 돕는 보혜사로서 늘 우리 안에 계십니다. 그러므로 우리가 말씀과 기도를 통해 예수 그리스도로 무장하고 성령을 의지할 때, 성령의 능력으로 마귀는 쫓겨납니다. 그리고 우리는 온전히 하나님께 가까이 나아갈 수 있습니다.

깨끗한 한마음으로 하나님을 가까이하라

예수 그리스도를 믿고 주님을 섬긴다고 하면서도 한편으로는 여전히 세상의 것을 내려놓지 못한 채 두 마음을 품고 살아가는 분들이 있습니다. 두 마음을 품고 있다는 것은 하나님께 온전한 마음을 드리고 있지 못한 것을 뜻합니다. 우리는 시선을 주님께 고정하고 믿음의 주요 온전케 하시는 이인 예수님을 바라보아야 합니다(히 12:2). 그리고 우리의 삶은 날마다 예수님에게 초점을 맞춘 삶이 되어야 합니다. 돋보기를 그냥 아무렇게나 비춘다고 해서 불이 붙지 않습니다. 초점을 고정해서 목표한 곳에 정확히 맞출 때 햇볕이 모아지고 불이 붙게 되는 것입니다. 이처럼 우리는 예수님에게 초점을 맞추어야 합니다. 그때 주님으로 말미암은 성령의 불이 뜨겁게 우리에게 임하고 은혜로 충만한 삶을 살 수 있게 되는 것입니다.

하나님을 가까이하라 그리하면 너희를 가까이하시리라 죄인들아

손을 깨끗이 하라 두 마음을 품은 자들아 마음을 성결하게 하라

(약 4:8)

사람은 어떤 환경과 어떤 사람을 가까이하는지에 따라 크게 영향을 받습니다. 좋은 사람을 만나서 좋은 이야기를 듣게 되면 자연스럽게 좋은 영향을 받게 되며 함께 좋은 사람이 되어갑니다. 그러므로 우리가 좋으신 하나님을 만나고 가까이하는 것은 우리에게는 말로 표현할 수 없을 만큼 좋은 일입니다. 하나님은 우리를 크고 놀라운 축복으로 인도하시고 우리에게 온전한 피난처가 되어주셔서 날마다 주의 은혜 안에 거하도록 하십니다.

하나님께 가까이 함이 내게 복이라 내가 주 야훼를 나의 피난처로 삼아 주의 모든 행적을 전파하리이다(시 73:28)

우리는 늘 하나님을 가까이해야 합니다. 그리할 때 마귀가 떠나가고 하나님께서 우리를 가까이하십니다. 하나님을 가까이한다는 것은 죄를 멀리하는 것이며 두 마음을 품지 않고 오직 하나님만 바라보는 것입니다. 세상을 바라보지 말고 예수님에게 초점을 맞추어야 합니다.

구약시대에는 하나님께 나아가고자 하면, 반드시 제물을 가지고 가야 했습니다. 자신의 죄를 제물에 전가하여, 하나님께 태워 드림으로써 속죄를 받기 위함이었습니다. 이러한 속죄는 일시적인 것이므로 하나님께 나아갈 때마다 제물을 구별하여 하나님께 드려야 했습니다. 더구나 하나님의 언약궤가 있는 가장 거룩한 장소인 지성소에는 대제사장만이 몸을 성결하게 한 후 1년에 단 한 번 들어갈 수 있었습니다. 그러나 하나님의 본체이시며 죄가 없으신 예수님이 십자가에 달리셔서 우리를 위한 영원한 제사를 단번에 드리셨고 그것으로 말미암아 인간과 하나님 사이를 가로막고 있던 휘장이 위에서 아래로 찢어지게 되었습니다. 이제는 예수님이 흘리신 보혈의 공로를 의지하는 자마다 모든 죄를 용서받게 되어 누구나 언제든지 하나님께 가까이 나아갈 수 있게 된 것입니다. 이것이 하나님께서 우리에게 허락하신 은혜이고 축복입니다.

시편은 하나님을 가까이하려는 자들이 해야 할 것에 대해 말씀해주고 있습니다. 곧, 손을 깨끗이 하고 마음을 성결하게 하라는 것입니다. 손을 깨끗이 하는 것은 우리의 행위가 거룩해야 함을 의미합니다.

야훼의 산에 오를 자가 누구며 그의 거룩한 곳에 설 자가 누구인가

곧 손이 깨끗하며 마음이 청결하며 뜻을 허탄한 데에 두지 아니하며

거짓 맹세하지 아니하는 자로다(시 24:3-4)

우리는 허탄한 데에 마음을 빼앗기지 말고 거룩한 행실로 하나님 앞에 나아가야 합니다. 우리 안의 악한 본성은 끊임없이 우리로 하여금 악인들의 꾀를 따르고 죄인들의 길에 서며 오만한 자들의 자리에 앉게 하지만, 우리는 예수 그리스도의 보혈을 의지함으로 날마다 주님 앞에 우리의 손을 씻고 거룩함으로 옷 입어야 합니다.

그리고 우리는 마음을 성결하게 해야 합니다. 마음을 성결하게 하는 자가 하나님을 볼 수 있고(마 5:8), 하나님께 가까이할 수 있기 때문입니다. 세상의 욕심과 쾌락을 벗어버리고 우리의 마음을 하나님의 말씀과 은혜로 채워야 합니다.

우리가 하나님을 가까이할 때 하나님도 우리를 가까이하십니다. 하나님이 가까이하시는 사람에게 감히 마귀가 찾아올 수 없습니다. 우리는 하나님과 세상 사이에서 두 마음을 품지 말고, 오직 손을 깨끗이 하는 거룩한 행실과 마음을 성결하게 하는 온전함으로 날마다 하나님께 가까이 나아가야 할 것입니다. 세상 사람이나 환경을 바라보지 말고 오직 하나님만 바라보고 믿음으로 나아갈 때 주님의 놀라운 은혜를 경험하게 됩니다. 하나님께 가까이 있어 늘 주님의 은혜와 사랑을 경험하고 주님을 닮아가는 귀한 주님의 백성들이 되시기를 예수님의 이름으로 축원합니다.

하나님을 가까이하기 위해 우리는 또한 죄를 회개해야 합니다. 입술로만 회개하는 것이 아니라 마음으로 회개해야 합니다. 세상의 쾌락을 추구하며 얻는 웃음과 즐거움 대신에 하나님 앞에서 죄에 대해 근심하고 애통하는 마음의 회개가 있어야만 합니다.

이러한 애통하는 회개를 통해 청년 시절의 방황을 끝내고 하나님께 돌아온 대표적인 인물로 어거스틴을 들 수 있습니다. 그는 기독교 신학사에 위대한 업적을 남겼으며, 많은 기독교 지도자들이 그에게 영향을 받았을 만큼 존경받는 교부입니다. 그러나 그러한 그는 한때 하나님과 완전히 단절된 채 세상과 벗하는 방황의 시기를 살았었습니다. 그는 철학에 심취하고 마니교에 빠져 복음을 거부했으며 청년 시절의 대부분을 세상의 쾌락과 욕망을 따라 살았습니다. 그럼에도 신앙이 깊은 그의 어머니 모니카는 날마다 아들 어거스틴이 하나님께 돌아오기를 기도했

   행함이 있는 믿음

고, 기도의 응답으로 어거스틴은 회심하여 다시 하나님께 돌아올 수 있게 되었습니다. 어거스틴이 방황을 끝낼 무렵, 그는 오랫동안 진흙탕과 같은 죄의 구덩이에서 벗어나기 위해 몸부림을 치고 있었는데, 그는 자서전『고백록』의 제8권 마지막 부분에서 당시 자신의 상태를 이렇게 표현했습니다.

"깊은 상념이 내 영혼의 밑바닥에서 나의 비참을 들추어 내어 마음의 눈앞에 쌓아 두자, 눈물이 한없이 흘러내렸습니다. 나는 혼자서 소리내서 맘껏 울기 위해 알피우스 곁을 빠져 나갔습니다. … 그 때 나는 무슨 말을 했는데, 나의 목소리는 규방이라도 울음을 터뜨릴 것 같았습니다. … 나는 어느 무화과 나무 밑에 주저앉았습니다. 눈물이 폭포처럼 줄줄 흘러내렸는데, 이것은 당신께서 사랑하시는 제물이 되었습니다."

어거스틴이 이렇게 애통하고 있을 때 이웃집에서 아이들의 노랫소리가 들렸습니다. "집어서 읽어라, 집어서 읽어라."라는 가사였습니다. 순간 어거스틴은 쏟아지는 눈물을 참고 자리에서 일어났습니다. 어거스틴은 그 가사대로 성경을 집어 들고는 첫눈에 들어오는 대목을 읽었습니다. 로마서 13장 13−14절 말씀이었습니다.

이 말씀을 읽는 순간 어거스틴은 그의 가슴 속으로 한 줄기 빛이 들어와 그의 마음을 환히 밝혀주는 느낌을 받았습니다. 말씀이 믿어졌습니다. 하나님의 사랑과 구원이 그의 가슴에 한없이 크게 울려 퍼졌습니다. 흔들릴 수 없는 확신과 기쁨이 순간 그의 가슴에 가득 찼습니다. 이것이 어거스틴이 탕자의 삶에서 성자의 길로 들어설 수 있도록 했던 회심의 체험이었습니다. 어거스틴은 웃음을 애통으로, 즐거움을 근심으로 바꿈으로써 깊은 회개를 했고 그를 괴롭히던 세속의 욕망을 완전히 끊어버릴 수 있었습니다. 그리고 그의 어머니 모니카의 슬픔을 즐거움으로 바꾸어줄 수 있었습니다.

어거스틴이 고백했던 것처럼 하나님의 뜻대로 살기 위해 흘리는 우리의 눈물은 하나님께서 사랑하시는 제물이 됩니다. 눈물은 귀한 것입니다. 우리는 하나님 앞에서 죄에 대해 눈물로 애통해함으로 하나님을 가까이하는 복된 주의 백성들이 되어야 할 것입니다.

주 앞에서 낮추라 그리하면 주께서 너희를 높이시리라(약 4:10)

하나님은 겸손한 자를 가까이하십니다. 우리는 자신의 능력을 믿고 교만하거나 남을 업신여기는 태도를 내려놓아야 합니다. 대신, 겸손히 자신의 연약함을 인정하고 하나님 앞에서 자신을 낮추어야 합니다. 그러면 하나님이 높이십니다. 날마다 우리는 주님 앞에 이런 고백을 드려야 합니다.

"주님, 저는 아무것도 아닙니다. 날마다 주님의 은혜로 삽니다."

중요한 것은 내가 가지면 가질수록, 높아지면 높아질수록, 배우면 더 배울수록 겸손해져야 한다는 것입니다. "내가 배웠습니다. 내가 가졌습니다. 내가 높은 데 올라갔습니다."라고 하며 교만하면 그때부터 무너지게 됩니다. 그러므로 우리는 겸손해야 합니다. 우리가 겸손히 낮아지면, 하나님이 복을 주시고 은혜에 은혜를 더해주시며 날마다 좋은 일이 넘쳐나게 만들어주십니다.

25년간 재소자 선교를 하시고 '재소자들의 아버지'로 불리는 고봉준 목사님을 소개합니다. 이 분이 본인의 간증을 담아『영화 같은 이야기』라는 책을 쓰셨는데, 읽어보니 정말 영화 같은 이야기입니다. 목사님이 되기 전 본래는 교도소를 일곱 번이나 드나드는 밑바닥 인생을 살았습니다. 아버지가 중풍으로 돌아가시고 형이 자살하는 등 힘든 가정사를 겪으며 중학교 2학년 때 학교를 중퇴하고 어선에서 일하기 시작했습니다. 그러면서 일찍부터 술과 담배를 하고, 분노, 패배감, 불만, 자괴감 등으로 심각한 우울증을 겪으면서, 두 번이나 자살을 시도하기도 했습니다. 그분은 18세에 순경을 구타하여 서울구치소에 소년범으로 수감된 이후 경찰서 구류처분을 받은 것만 60여 회에 이르고, 교도소를 일곱 번이나 드나들었습니다. 감옥 안에서 복음을 듣긴 했지만, 온전한 믿음을 갖지는 못했습니다. 출소 후, 넝마주이가 되어 한 여성과 살면서 아들을 낳았는데 알고 보니 그 여성이 유부녀였습니다. 이 사실을 알게 된 후 그 여인을 돌려보내고 아이는 입양시켰습니다. 아이를 입양 보낸 후 상처와 죄책감은 더욱 커졌고, 더욱더 폭력적으로 변하는 자신을 발견했

습니다. 그러던 어느 날, 그분은 이 모든 것을 뒤로 하고 새로운
사람이 되겠다는 결단을 내렸습니다. 그리고 오산리기도원에
가서 금식하며 회개하는 가운데 성령충만을 받아 새사람이 되
었습니다. 그는 이렇게 간증하며 고백합니다.

"그토록 허전하던 마음의 텅빈 공간에 진작 주님을 모셔 들였으
면 얼마나 좋았을까! 마셔도 마셔도 목마른 바닷물처럼 세상의 욕
망은 끝없는 블랙홀이었다. 결국은 나를 모두 태우고야 꺼지는 욕
망의 불꽃을 끌어안고 지금껏 살아왔던 것이다. 회개는 끝이 없었
다. 주여! 나를 새롭게 하소서. 내 죄악을 말갛게 씻기시고 다시는
죄를 범치 않게 하소서!"

이후, 그분은 기도와 말씀 생활로 삶이 변화되었고 신학교에
들어가 주의 종이 되었습니다. 성북경찰서 유치장에서 처음 전
도지를 돌리며 전도했고 이후 다른 경찰서들, 청량리역, 행려자
들의 집합소인 임마누엘집을 찾아다니며 출소자, 알코올 중독
자, 무의탁자들에게 복음을 전했습니다. 과거의 자신과 같은 거
칠고 상처받은 사람들에게 생생한 그의 간증은 큰 도전이 되고
희망이 되었습니다. 그런 그에게 놀라운 일이 일어납니다. 입양

보냈던 아들에게서 28년 만에 연락이 온 것입니다. 아들은 좋은 가정에 입양되었는데, 우수한 성적으로 학업을 이어갔고 박사학위를 취득한 후 대학 조교수가 되었으며 결혼해서 세 딸까지 둔 어엿한 가장이 되어있었습니다. 아들이 예수님을 믿고 한때 원망했던 생부를 용서하기 위해 찾은 것입니다. 고봉준 목사님은 아들과 눈물의 재회를 하며 이렇게 고백합니다.

"'우리가 알거니와 하나님을 사랑하는 자 곧 그의 뜻대로 부르심을 입은 자들에게는 모든 것이 합력하여 선을 이루느니라'(롬 8:28)는 말씀처럼, 인생이 살아보니까 내가 원해서 되는 것이 아니라, 하나님이 이끌어 가시는 것이고 저는 그냥 끌려가는 아무것도 아닌 존재이더군요. 이제는 하나님의 은혜로 되어가는 과정 속에서 무조건 하나님께 영광 돌리는 삶입니다!"

하나님 앞에 낮아지면 주님께서 쓰십니다. 우리가 주님 앞에 낮아지고 깨어져 자신이 아무것도 아님을 고백할 때, 하나님께서 우리를 높이시고 귀하게 사용하실 것입니다.

서로에게 재판관이 되지 말라

형제들아 서로 비방하지 말라 형제를 비방하는 자나 형제를 판단하는 자는 곧 율법을 비방하고 율법을 판단하는 것이라 네가 만일 율법을 판단하면 율법의 준행자가 아니요 재판관이로다 입법자와 재판관은 오직 한 분이시니 능히 구원하기도 하시며 멸하기도 하시느니라 너는 누구이기에 이웃을 판단하느냐(약 4:11-12)

우리가 신앙생활 중에 가장 주의해야 할 것은 남을 비방하고 판단하는 것입니다. 우리는 함부로 남을 비방하고 판단해서는 안 됩니다. 비방하고 판단하는 순간 이미 스스로가 재판관 노릇을 하는 것이 되기 때문입니다. 본문에서 입법자와 재판관은 오직 한 분이라고 말씀하는데, 그분은 바로 창조주이신 하나님이십니다. 그러므로 우리가 남을 판단하는 것은 하나님의 자리를 대신 차지하고 앉는 것이 되며, 이는 하나님을 대적하는 일이 되는 것입니다.

대부분의 판단과 비방은 근거 없는 참소인 경우가 많고, 한쪽의 입장만 내세우는 일방적인 이야기인 경우가 많습니다. 가끔 누군가 저에게 장문의 편지를 보내옵니다. 너무나 억울하고 힘들다는 내용이 있어서 정말 문제가 있는 것으로 알고 그것에 대해 알아보도록 했는데, 실상은 편지를 보낸 사람 자신이 상습적으로 여기저기 문제를 일으키고 분란을 조장하는 것으로 소문난 사람이었습니다. 자세한 사정을 모르는 사람은 쉽게 오해하여 편지 보낸 사람이 억울하다고 생각할 수도 있을 것 같았습니다. 또, 교회 내 온라인 게시판에도 누가 어떤 잘못을 했다고 실명을 거론하며 올리는 경우가 있는데 자초지종을 따져보면 단순히 개인적 원한인 경우가 많습니다. 우리는 쉽게 다른 사람을 비방해서도 안 되지만 또한 그런 사람들의 말에 맞장구를 치며 동조하는 일도 삼가야 하겠습니다. 스코틀랜드 출신 청교도였던 휴 비닝은 다음과 같이 말했습니다.

"다른 사람을 비방하는 것은 다른 사람의 선한 이름을 짓누르며 우리 자신의 명성을 쌓으려는 위선과 질투가 지배하게 된다. 많은 사람이 비방에 대해 자신이 그 악한 이야기를 지어낸 것도 아니고, 처음 발설한 자도 아니라고 변명하지만, 성경에서는 하나님의 성전에 거하는 자는 그런 비방을 말하지도 지어내지도 말아야 한다고 말한다. 악한 소문은 듣지도 말고 하지도 말아야 한다. 사람이 없을 때 비방하는 자는 사람이 있을 때는 아첨한다. 뒤에서 악담하는 자는 앞에서는 아첨한다. 그러므로 이런 사람들과는 사귀지도 말아야 할 뿐만 아니라, 인간 사회의 적으로 간주하여 쫓아내야 한다.”

우리는 다른 사람에 대한 비방이나 판단을 하지 말아야 합니다. 사람들이 모이면 다른 사람의 흉을 보거나 악담을 하는 일이 많은데 이와 같은 이야기에 동조하는 것은 물론 그저 가만히 듣고만 있었더라도 이것 역시 남을 판단하고 비방하는 죄를 함께 범하게 되는 것입니다. 우리는 남을 비방하는 말이나 판단하는 말을 하지 않을 뿐만 아니라 뒤에서 다른 사람의 흉을 보거나 악담할 때에 귀를 닫고 자리를 피해야 합니다. 그래서 우리 사회에 전반적으로 퍼져있는 이러한 악을 뿌리 뽑아야 할 것입니다.

그러므로 모든 악독과 모든 기만과 외식과 시기와 모든 비방하는 말을 버리고(벧전 2:1)

주님의 말씀과 같이 우리는 이제 남을 비방하고 판단하기를 그치고 삼가야 합니다. 원망과 원한을 가지고 상대를 비방하고 참소하는 것은 하나님의 영광을 가리는 것이 되며 주님의 몸 된 교회를 상처 입히는 일이 되기 때문입니다. 그러므로 우리는 이제 이와 같이 결심해야 합니다. "하나님 서로 사랑하며 살겠습니다. 용서하며 살겠습니다. 칭찬하며 살겠습니다."

우리가 이 세상을 사는 동안에 성경이 가르치는 대로만 살면 복을 받습니다. 즉, 다투거나 싸우지 말고 남을 욕하거나 비방하지 말아야 합니다. 오히려 다른 사람을 칭찬하고 용서하며 격려함으로 화목을 도모하고 하나 되는 주님의 백성들이 되어야 할 것입니다. 스스로가 재판장이 되려고 하지 말고 우리의 유일한 재판장이신 하나님 앞에서 늘 겸손히 행하면 하나님께서 우리에게 놀라운 은혜를 내려주실 것입니다.

나의 계획보다 주님의 뜻이 앞서야 한다

들으라 너희 중에 말하기를 오늘이나 내일이나 우리가 어떤 도시에 가서 거기서 일 년을 머물며 장사하여 이익을 보리라 하는 자들아 내일 일을 너희가 알지 못하는도다 너희 생명이 무엇이냐 너희는 잠깐 보이다가 없어지는 안개니라(약 4:13-14)

인간의 생명은 유한합니다. "잠깐 보이다가 없어지는 안개"

와도 같은 것이 인간의 삶입니다. 그런데도 인간은 이 짧은 인생을 통해 영원을 추구하고 하나님의 뜻을 따르려고 하지 않고, 마치 천년만년 살 것처럼 세속적인 욕망을 좇습니다. 본문은 여러 도시를 다니며 장기간 사업을 해서 큰 이익을 보려고 계획을 세우는 사람들의 세속적 욕망과 교만을 지적합니다. 이들은 하나님께서 허락하신 시간 속에서 살아간다는 생각 없이 자기의 계획대로 자기의 욕망을 따라 살아갑니다. 그러나 하나님 없이 살아가는 삶은 정말 허무한 인생입니다. 가장 지혜로운 왕으로 불렸던 솔로몬은 그의 말년에 이렇게 고백했습니다.

> 전도자가 이르되 헛되고 헛되며 헛되고 헛되니 모든 것이 헛되도다
>
> 해 아래에서 수고하는 모든 수고가 사람에게 무엇이 유익한가
>
> (전 1:2-3)

헛되다는 말이 한 절에서 다섯 번이나 나옵니다. "헛되고 헛되며 헛되고 헛되니 모든 것이 헛되도다" 주님 없는 삶, 주님 없는 인생은 헛되고 헛되며 헛된 것입니다. 내가 삶의 주인이 되고 내가 나를 위해 살아가는 삶은 허무 그 자체인 것입니다. 우리는 영의 눈을 떠야 합니다. 인본주의적인 삶을 살지 말고 주

님 중심의 삶을 살아가야 합니다. 언젠가 우리 앞에 다가올 죽음을 태연하고 당당하게 맞이할 수 있도록, 우리는 세상에 목적을 두지 말고 저 천국에 목적을 두며 하나님의 영광을 위해 살아가는 주님의 자녀들이 되어야 합니다. 자기만의 바벨탑을 쌓지 말고 하나님의 영광을 위해서 자신을 드려 헌신하는 주님의 귀한 일꾼들이 되어야 할 것입니다. 우리는 사람을 따라 줄을 서지 않고 주님 앞에 줄을 서야 합니다. 약속의 말씀 앞에 줄을 서야 합니다. 우리의 인생은 안개 같아서 금방 사라지고 맙니다. 그렇기에 우리는 영원한 것을 의지해야 합니다. 이 세상의 것은 계속해서 변합니다. 영원하지 않습니다. 이러한 것을 의지하는 것은 오히려 문제와 어려움과 고통만 가져오게 할 뿐입니다. 안개 같은 삶을 살아가는 우리가 영원히 믿고 의지할 분은 오직 주님 한 분뿐입니다.

내 육체와 마음은 쇠약하나 하나님은 내 마음의 반석이시요 영원한 분깃이시라(시 73:26)

하나님만이 우리의 반석이 되시며 모든 것이 되십니다. 우리의 육체와 마음이 쇠잔해지고 약해지더라도 절대로 주님을 놓지 말아야 합니다. 하나님은 우리 마음의 반석이 되셔서 우리를 흔들리지 않게 붙들어주시고 견고한 믿음으로 인도해주십니다. 그러므로 우리는 하나님만 굳게 붙잡고 믿음으로 나아가야 합니다. 하나님이 기뻐하시는 일을 하며 살아가야 합니다. 인생은 그렇게 길지 않습니다. 인생은 눈 깜짝할 사이에 지나갑니다. 본문에서도 인생이 "잠깐 보이다가 없어지는 안개"라고 했습니다. 이렇게 지나가는 인생길에서 우리는 하나님의 영광을 위해 귀하게 쓰임 받는 자들이 되어야 합니다. 그러기 위해 우리는 주님이 주신 약속의 말씀만 따라 살아가야 합니다.

> 너희가 도리어 말하기를 주의 뜻이면 우리가 살기도 하고 이것이나 저것을 하리라 할 것이거늘 이제도 너희가 허탄한 자랑을 하니 그러한 자랑은 다 악한 것이라(약 4:15-16)

세상의 사람들은 하나님 없이 인생을 살아가면서 자신의 인생과 미래를 계획해보지만 뜻대로 흘러가지 않는 경우가 많습니다. 인간은 잠시 보이다가 없어지는 안개와 같고 내일 일을 알지 못하는 존재이기 때문입니다. 그러므로 우리는 내 뜻대로 살겠다고 생각해서는 안 됩니다. 내 뜻이 아닌 주님의 뜻대로 살아야 합니다.

> 너의 행사를 야훼께 맡기라 그리하면 네가 경영하는 것이 이루어지
> 리라(잠 16:3)

우리는 이 땅에 살아가는 동안 모든 삶을 주님께 맡기고 주님을 의지해야 합니다. 그러면 하나님께서 책임져주십니다. 하나님을 전적으로 신뢰하고 의지하며 맡기는 것이야말로 가장 안전하고 복된 길입니다. 내가 하려고 하면 안 되는 것도 하나님이 하시면 가능합니다. 인간의 생사화복을 주관하시는 분은 하나님 한 분뿐이시기 때문입니다.

하나님을 믿는다는 것은 우리 삶의 절대적인 주권이 하나님께 있다는 사실을 인정하는 것입니다. 우리 안에 여전히 세상의 없어질 부귀와 영화를 좇으려는 마음이 있다면 온전한 믿음을 주님께 드리고 있지 못한 것입니다. 하나님을 온전히 믿지 않는 것이야말로 교만한 삶의 모습입니다.

> 교만은 패망의 선봉이요 거만한 마음은 넘어짐의 앞잡이니라
> (잠 16:18)

교만한 마음은 마귀가 주는 것입니다. 우리는 마귀를 대적하고 겸손히 하나님 앞에 낮아져야 합니다. 그리고 아직 내 것이라고 주장하고 있는 것들을 하나님 앞에 내려놓아야 합니다. 여전히 세상을 향해 꿈틀대고 있는 육신의 정욕과 안목의 정욕과 이생의 자랑을 내려놓아야 합니다. 영원할 수 없는 세상의 것을 추구하는 것은 허탄한 일이며 악한 것이기 때문입니다.

그리하여 이제는 허탄한 자랑이 아니라 하나님의 영광에 대한 자랑을 해야 합니다. 우리를 향한 하나님의 뜻을 따라 살아야 합니다. 모든 것이 주님의 손에 달려있기에 우리는 하나님을 신뢰하고 오직 주님께 기도함으로 하나님을 높이는 삶을 살아야 합니다.

그러므로 사람이 선을 행할 줄 알고도 행하지 아니하면 죄니라
(약 4:17)

하지 말아야 할 것을 하는 것도 죄이지만, 해야 하는 것을 하지 않는 것도 역시 죄입니다. 우리가 해야 할 것은 분명합니다. 하나님의 주권을 인정하고 하나님과 가까이하여 겸손히 하나님의 뜻을 따라 사는 것입니다. 중요한 것은 행함입니다. 예수님

은 말씀을 듣기만 하고 행하지 않는 위험에 대해서 경고하셨습
니다.

> 나의 이 말을 듣고 행하지 아니하는 자는 그 집을 모래 위에 지은 어
>
> 리석은 사람 같으리니 비가 내리고 창수가 나고 바람이 불어 그 집에
>
> 부딪치매 무너져 그 무너짐이 심하니라(마 7:26-27)

우리는 주님께서 경고하신 말씀을 마음에 새기고, 말씀을 따
라 행하는 순종을 통해 우리 삶에서 하나님이 기뻐하시는 성화
의 열매를 맺어야 합니다. 그리스도인은 세상의 가치를 따르는
자들이 아니라 하나님의 말씀을 따라 행하는 사람들이기 때문
입니다. 우리가 예수 그리스도를 믿음으로 구원받았다면 이제
는 그에 합당한 열매를 맺어야 합니다. 믿음으로 구원받은 것은
완성이 아니라 시작입니다. 구원받은 우리는 날마다 성장하는
믿음을 통해 변화된 삶을 살아야 합니다.

다른 사람의 말을 듣지 않고 내 생각만 고집했다면, 상대방
의 생각도 열심히 듣고 존중해주는 모습으로 변화되어야 합니
다. 성격이 급하고 하루에도 열 번씩 화내던 모습이 있었다면
그것이 아홉 번으로, 다섯 번으로, 한 번으로, 나중엔 화를 내지

않는 모습으로 바뀌어야 합니다. 세상의 즐거움과 쾌락을 좇던 모습에서 하나님의 말씀과 영광을 좇는 모습이 되고, 교만하여 허탄한 자랑을 하던 모습에서 겸손히 하나님을 가까이하며 예수 그리스도의 십자가만을 자랑하는 모습으로 변화되어야 합니다.

그리하여 우리는 세상과 벗하지 않고 하나님을 기쁘시게 하는 온전한 믿음의 사람이 되어야 합니다. 어제보다 오늘이 낫고 오늘보다 내일이 나은 성숙한 믿음의 삶을 살아야 합니다. 날마다 주님을 닮아감으로써 열매 맺는 믿음의 사람, 성화된 그리스도인이 되시기를 예수님의 이름으로 축원합니다.

요약

야고보서 4장은 우리가 세상과 벗하지 않고 하나님을 기쁘시게 하는 거룩한 삶을 살도록 권면합니다. 그러기 위해 먼저 정욕을 버리고 다툼을 그쳐야 합니다. 정욕을 따르지 않고 각자에게 허락해주신 분량에 만족하며 하늘에 소망을 두는 삶을 살 때, 다툼은 사라지고 오직 하나님의 뜻대로 기도하며 주님께 영광 돌리게 됩니다. 이처럼 우리는 세상과 벗하는 삶이 아니라 하나님과 벗하는 삶을 살아야 합니다. 하나님과 벗하는 삶은 마귀를 대적하고 겸손히 하나님만 높이며 하나님께 가까이 나아가는 것입니다. 곧, 우리의 삶이 주님께 초점을 맞추어서 오직 주님의 은혜로 살아가는 것입니다. 그때 주님이 우리를 높이시고 귀하게 사용하십니다. 야고보서 4장은 또한 서로 비방하거나 판단하지 말라고 말씀합니다. 남을 비방하고 판단하는 것은 오직 유일한 입법자이자 재판관이 되시는 하나님의 자리를 사람이 대신 차지하는 것이기 때문입니다. 우리는 하나님 없는 허망한 인생을 사는 사람이 아니라 오직 주님의 뜻을 따라 사는 성숙한 믿음의 사람이 되어야 합니다. 그리하여 세상과 벗하지 않고 하나님을 기쁘시게 하는 거룩한 삶을 살아야 하겠습니다.

묵상

지금 나는 세상의 정욕을 따르는 삶을 살고 있습니까? 하나님을 가까이하는 삶을 살고 있습니까? 하나님께 가까이하기 위해 내가 실천할 것은 무엇인지 생각해봅시다.

적용

평상시 어떠한 기도를 하고 있는지 목록을 작성해봅시다. 그리고 나의 정욕을 위한 기도가 아닌 하나님의 선한 목적과 영광을 위한 기도의 시간을 늘려나갑시다.

행함이 있는 믿음

Faith
in Action

모범

욥처럼 인내하고
엘리야처럼 기도하라

5장

모범
욥처럼 인내하고 엘리야처럼 기도하라

약 5:1-20

¹들으라 부한 자들아 너희에게 임할 고생으로 말미암아 울고 통곡하라

²너희 재물은 썩었고 너희 옷은 좀먹었으며

³너희 금과 은은 녹이 슬었으니 이 녹이 너희에게 증거가 되며 불 같이 너희 살을 먹으리라 너희가 말세에 재물을 쌓았도다

⁴보라 너희 밭에서 추수한 품꾼에게 주지 아니한 삯이 소리 지르며 그 추수한 자의 우는 소리가 만군의 주의 귀에 들렸느니라

⁵너희가 땅에서 사치하고 방종하여 살육의 날에 너희 마음을 살찌게 하였도다

⁶너희는 의인을 정죄하고 죽였으나 그는 너희에게 대항하지 아니하였느니라

⁷그러므로 형제들아 주께서 강림하시기까지 길이 참으라 보라 농부가 땅에서 나는 귀한 열매를 바라고 길이 참아 이른 비와 늦은 비를 기다리나니

⁸너희도 길이 참고 마음을 굳건하게 하라 주의 강림이 가까우니라

⁹형제들아 서로 원망하지 말라 그리하여야 심판을 면하리라 보라 심판주가 문 밖에 서 계시니라

¹⁰형제들아 주의 이름으로 말한 선지자들을 고난과 오래 참음의 본으로 삼으라

¹¹보라 인내하는 자를 우리가 복되다 하나니 너희가 욥의 인내를 들었고 주께서 주신 결말을 보았거니와 주는 가장 자비하시고 긍휼히 여기시는 이시니라

¹²내 형제들아 무엇보다도 맹세하지 말지니 하늘로나 땅으로나 아무 다른 것으로도 맹세하지 말고 오직 너희가 그렇다고 생각하는 것은 그렇다 하고 아니라고 생각하는 것은 아니라 하여 정죄 받음을 면하라

¹³너희 중에 고난 당하는 자가 있느냐 그는 기도할 것이요 즐거워하는 자가 있느냐
  그는 찬송할지니라
¹⁴너희 중에 병든 자가 있느냐 그는 교회의 장로들을 청할 것이요 그들은 주의 이름
  으로 기름을 바르며 그를 위하여 기도할지니라
¹⁵믿음의 기도는 병든 자를 구원하리니 주께서 그를 일으키시리라 혹시 죄를 범하였
  을지라도 사하심을 받으리라
¹⁶그러므로 너희 죄를 서로 고백하며 병이 낫기를 위하여 서로 기도하라 의인의 간구
  는 역사하는 힘이 큼이니라
¹⁷엘리야는 우리와 성정이 같은 사람이로되 그가 비가 오지 않기를 간절히 기도한즉
  삼 년 육 개월 동안 땅에 비가 오지 아니하고
¹⁸다시 기도하니 하늘이 비를 주고 땅이 열매를 맺었느니라
¹⁹내 형제들아 너희 중에 미혹되어 진리를 떠난 자를 누가 돌아서게 하면
²⁰너희가 알 것은 죄인을 미혹된 길에서 돌아서게 하는 자가 그의 영혼을 사망에서
  구원할 것이며 허다한 죄를 덮을 것임이라

———————————

　'행함이 있는 믿음'은 반드시 눈에 보이는 어떤 일을 해내는
것을 의미하지 않습니다. 조용히 인내하는 것도 행함이 있는 믿
음의 모습입니다. 박해 중에서도 견디고 주님이 강림하실 때까
지 길이 참는 인내의 삶이 그러합니다. 또한 하나님의 응답을
기다리며 조용히 기도하는 것 역시 행함이 있는 믿음의 모습입
니다. 인간의 힘으로 무언가를 이루려고 동분서주하지 않고 오
직 하나님만 바라보며 간절히 부르짖는 기도의 삶이 그러합니

다. 야고보서 5장은 이처럼 인내와 기도를 강조하면서 초대교회 성도들과 오늘을 살아가는 우리를 격려해주고 있습니다. 하나님은 자비하시고 긍휼이 풍성하시며, 우리의 기도에 응답하여 병을 고쳐주시고 죄를 용서해주시며 놀라운 기적을 베풀어주시는 좋으신 하나님이십니다. 때때로 하나님을 믿지 않고 세상의 부와 권세만을 쌓는 자들이 성도를 박해하기도 하지만, 주님을 믿는 성도들은 좋으신 하나님만을 믿고 인내와 기도로 살아가야 합니다.

금도 녹이 슨다

들으라 부한 자들아 너희에게 임할 고생으로 말미암아 울고 통곡하라 너희 재물은 썩었고 너희 옷은 좀먹었으며 너희 금과 은은 녹이 슬었으니 이 녹이 너희에게 증거가 되며 불 같이 너희 살을 먹으리라 너희가 말세에 재물을 쌓았도다(약 5:1-3)

야고보서 5장은 "들으라"라는 말로 시작하여 부자들을 무섭게 꾸짖고 있습니다. 여기에 등장하는 부자는 자신만을 위해 재물을 잔뜩 쌓아두며 물질을 우상 삼는 악한 부자입니다. 본문은 그들의 재물과 옷과 금과 은에 문제가 생긴다고 말씀합니다. 재물은 썩고 옷은 좀먹고 변하지 않는다고 하는 금은도 녹이 슬 것이라고 말씀합니다. 잘못된 물질관으로 쌓은 재물은 안락함이 아니라 통곡을 가져온다는 것입니다.

오늘날 세상 사람들이 섬기는 몇몇 신들이 있는데 그중 하나가 쾌락의 신입니다. 쾌락의 신을 섬기는 사람들은 무엇이든 간에 육체적 쾌락을 주는 것이 있으면 그 길로 달려갑니다. 대표적으로 마약이 있는데 많은 사람들이 마약을 하면 몸에도 나쁘고 패가망신한다는 것을 알면서도 마약에 손을 댑니다. 도박도 이와 비슷합니다. 도박하면 모든 재산을 탕진하게 되는 것을 알아도 한순간의 쾌락과 만족을 위해서 도박장으로 달려갑니다. 그 외에도 권력의 신, 명예의 신, 인기의 신 등이 있습니다. 이런 잘못된 길에 빠져 삶에 방향을 잃어버리고 방황하는 사람들이 많습니다. 무엇보다도 대부분의 사람들이 섬기는 신은 물질의 신입니다. 이 신은 출애굽 당시의 사건으로부터 우리가 잘 알 수가 있습니다. 모세가 십계명을 받으러 시내 산으로 올라갔을 때 이스라엘 백성들은 모세가 내려오는 시간이 지체되자 인내하지 못하고 자신들을 위한 신을 만들어 달라고 아론과 훌에게 요청했습니다. 그러자 여론에 못 이긴 아론과 훌은 그 요청을 받아들입니다.

> 아론이 그들의 손에서 금 고리를 받아 부어서 조각칼로 새겨 송아지 형상을 만드니 그들이 말하되 이스라엘아 이는 너희를 애굽 땅에서 인도하여 낸 너희의 신이로다 하는지라(출 32:4)

이스라엘 백성들은 자신들의 귀에 있던 금귀고리를 빼서 그 것을 녹이고 깎아 금송아지를 만들었습니다. 그리고 그 우상을 하나님으로 숭배했습니다. 참으로 기가 막힐 노릇입니다. 하나님께서는 이스라엘 백성에게 놀라운 기적을 수없이 베풀어 주셨습니다. 유월절 사건, 홍해를 가르신 일, 그리고 낮에는 구름기둥 밤에는 불기둥으로 인도하신 일, 물이 없을 때 바위에서 물이 터져 나오게 하신 일, 만나와 메추라기로 먹이신 일 등 놀라운 기적을 베풀어 주셨습니다. 이러한 하나님의 기적들을 다 체험하고도 이스라엘 백성들은 잠시 모세가 사라졌다고 금송아지를 만들어서 섬긴 것입니다. 그들이 가장 소중히 여기는 것을 모아서 만든 금송아지는 오늘날 많은 사람들이 섬기는 물질을 의미합니다. 무엇이든지 하나님보다 더 사랑하면 그것이 신이 되고 우상이 되는 것입니다. 이러한 물질의 우상은 당장은 이익이 되는 것 같아도, 결국 올무가 되어 자신을 삼키게 됩니다.

보라 너희 밭에서 추수한 품꾼에게 주지 아니한 삯이 소리 지르며 그 추수한 자의 우는 소리가 만군의 주의 귀에 들렸느니라 너희가 땅에서 사치하고 방종하여 살육의 날에 너희 마음을 살찌게 하였도다 너희는 의인을 정죄하고 죽였으나 그는 너희에게 대항하지 아니하였느니라(약 5:4-6)

이렇게 물질의 신을 섬기는 사람들은 탐욕으로 더 많은 물질을 모으기 위해 잘못된 방법을 사용하는 것도 서슴지 않습니다. 다른 사람이 피해를 입고 어떻게 되든지 상관하지 않고 돈을 모으는 데 혈안이 됩니다. 물질로 인해서 친구가 원수가 되기도 하고 부모님 장례식 때 유산을 놓고 형제들끼리 싸우기도 합니다. 심지어 가족에게 보험을 많이 들게 한 후 보험금을 타기 위해 가족을 죽이는 일도 있습니다. 이처럼 돈을 사랑함이 일만 악의 뿌리가 되는 것입니다.

돈을 사랑함이 일만 악의 뿌리가 되나니 이것을 탐내는 자들은 미혹을 받아 믿음에서 떠나 많은 근심으로써 자기를 찔렀도다(딤전 6:10)

행함이 있는 믿음

물질의 신을 섬기면 결국 패망하게 됩니다. 우리는 물질과 주님을 동시에 섬길 수가 없습니다. 마태복음 6장 24절은 말씀합니다.

한 사람이 두 주인을 섬기지 못할 것이니 혹 이를 미워하고 저를 사랑하거나 혹 이를 중히 여기고 저를 경히 여김이라 너희가 하나님과 재물을 겸하여 섬기지 못하느니라(마 6:24)

하나님께서는 우리가 하나님을 사랑하고 하나님 뜻대로 살아가고자 노력할 때 우리에게 물질을 주십니다. 이는 하나님의 일을 위해 쓰라고 주시는 것입니다. 즉, 움켜쥐지 말고 선을 행하고 나누라고 물질을 주시는 것입니다.

오직 선을 행함과 서로 나누어 주기를 잊지 말라 하나님은 이같은 제사를 기뻐하시느니라(히 13:16)

좋으신 하나님은 우리가 베풀고 나누면 아낌없이 우리에게 부어주십니다. 우리가 하나님의 영광을 위해서 아낌없이 내어 놓을 때, 쌓을 곳이 없이 부어주시는 하나님의 은혜를 체험하게 될 것입니다. 물질을 우상으로 숭배하지 않고 물질을 주신 하나님을 섬기면 하나님께서 우리에게 복을 더해주십니다.

2011년 미국 내 재산가 순위 88위에 오른 장도원 회장님의 이야기입니다. 장도원 회장님은 '포에버 21'이라는 전 세계에 700개 이상의 매장이 있는 글로벌 패션 브랜드의 설립자로 주님을 잘 섬기는 귀한 사업가입니다. 그는 1981년에 미국으로 이민을 갔습니다. 초기에는 건물 경비, 주유소의 주유원, 커피숍 종업원 등의 직업을 전전하며 많은 고생을 했습니다. 그러다 1984년에 로스앤젤레스에 조그만 옷가게를 냈습니다. 회장님이 본격적으로 복을 받은 것은 교회에 다니면서 은혜를 깨달았기 때문입니다. '나 같은 죄인이 구원을 받다니 너무 감사하다. 내가 어떻게 하면 주님을 기쁘시게 할 수 있을까?'라고 생각한 것입니다. 그래서 1년에 꼭 몇 주간 휴가를 내어 남미, 중국 등으로 단기선교를 갔습니다. 회장님은 선교하면서 하나님의 은혜를 더욱 많이 체험했습니다. 그 이후 수입의 10분의 9는 선교사업과 구제를 하며 하나님께 드리고 자신은 수입의 10분의 1만 가지고 사업을 운영해 나갔습니다. 그러니 하나님께서 그를 얼마나 축복해주시는지 폭발적으로 사업이 성장하여 세계에 매장 700개를 내고, 미국에서 자산가 88위에 오르는 등 커다란

영향을 끼치는 인물이 되었습니다. 회장님은 이런 큰 성공을 거둔 것에 대해 이렇게 고백을 합니다.

"제가 한 것은 하나님을 사랑한 것밖에 없습니다. 무엇이 성공이고 부자인지는 잘 모르겠지만, 저는 하나님이 저를 축복하신 이유를 알기 때문에 하나님의 뜻대로 물질을 사용합니다. 저는 저에게 쓰는 물질은 아끼고 선교를 위해서, 어려운 사람들을 돕기 위해서 많은 물질을 사용합니다. 저는 진정한 성공이란 죽음을 앞에 두고, 돈보다 하나님을 사랑했다고 고백할 수 있는 삶이라고 생각합니다."

종교개혁가 마르틴 루터는 십계명 해설에서 이와 같이 말했습니다.

"당신의 마음이 붙들려있는 것이 바로 당신의 신이다."

우리도 우리의 삶 속에 물질과 탐욕의 신을 제해버리고 오직 주 하나님만 섬기고 하나님께 영광 돌리기를 바랍니다.

인내, 주께서 강림하실 때까지

그러므로 형제들아 주께서 강림하시기까지 길이 참으라 보라 농부
가 땅에서 나는 귀한 열매를 바라고 길이 참아 이른 비와 늦은 비를
기다리나니 너희도 길이 참고 마음을 굳건하게 하라 주의 강림이
가까우니라(약 5:7-8)

제자들이 지켜보는 가운데 예수님이 하늘로 올라가신 후, 두
천사가 제자들에게 "너희 가운데서 하늘로 올려지신 이 예수는
하늘로 가심을 본 그대로 오시리라"(행 1:11)라고 말했습니다. 그
때 이후로 제자들과 초대교회 성도들은 예수님 재림의 소망을
가지고 모든 어려움을 참고 이겨냈습니다. 새로운 사회 세력으
로 떠오른 기독교에 위기를 느낀 로마제국은 그리스도인들을
잡아들여 감옥에 집어넣고 사형을 시키는 등 교회를 무너뜨리
려고 했습니다. 그러나 성도들에게는 주님이 함께하시며 주님
이 다시 오신다는 믿음이 있었기에, 그들은 혹독한 박해를 이겨
낼 수 있었습니다. 우리가 어떠한 문제와 어려움이 다가와도 기
억해야 할 것은 주님은 언제나 우리와 함께하시고 모든 문제를
해결해주신다는 것입니다. 따라서 본문이 말씀하는 것처럼 주

께서 강림하시기까지 길이 참아야 합니다. 복음이 온 세상에 전파되면 우리 주님이 다시 오실 것입니다. 마태복음 24장 14절은 말씀합니다.

이 천국 복음이 모든 민족에게 증언되기 위하여 온 세상에 전파되리니 그제야 끝이 오리라(마 24:14)

복음은 오늘날에 와서야 땅끝까지 증거가 되었습니다. 현재 인터넷을 통해 복음이 들어가지 않은 나라가 없습니다. 중국과 같은 공산국가나 심지어 이슬람 국가까지도 복음이 들어가고 있습니다. 이는 주님이 다시 오실 날이 가까이 온 것을 의미합니다. 그러므로 지금이야말로 우리가 영적으로 깨어있어야 합니다. 예수님을 잘 믿고 또한 믿는 사람답게 살아야 합니다.

야고보서는 환난을 당한 성도들에게 참고 견디는 것을 가르치기 위해 농부의 비유를 들고 있습니다. 유대력은 9월부터 한 해가 시작됩니다. 따라서 본문의 이른 비는 12월부터 2월까지 내리는 겨울비이고, 늦은 비는 4-5월에 내리는 봄비를 뜻합니다. 농부는 파종할 시기에 이른 비가 내릴 것을 기대하면서 꾸준히 밭을 돌봅니다. 처음에 이른 비가 내리면 파종한 보리나

밀에 물이 충분하여 깊이 뿌리를 내리게 되고, 늦은 비가 내릴 때는 곡식이 알차게 여물어서 추수할 때 풍성한 소출을 거두게 됩니다. 이처럼 참고 견디고 기다리면 하나님의 때에 반드시 열매를 거둘 때가 다가올 것입니다. 따라서 어떠한 환난과 핍박이 다가와도 참고 견뎌야 합니다. 농부가 비가 올 것을 믿고 기다리며 참는 것처럼 우리도 하나님의 축복이 임한다는 것을 믿고 기다려야 합니다.

서로 원망하지 말라

형제들아 서로 원망하지 말라 그리하여야 심판을 면하리라 보라 심판주가 문 밖에 서 계시니라(약 5:9)

야고보서는 서로 비방하거나 원망하지 말라고 권면합니다. 믿음을 지키기 위해서는 먼저 내 마음을 지켜야 합니다. 그런데 내 마음에 섭섭함이나 억울함이 있으면 원망, 불평의 말이 나오기 때문에 먼저 내 마음에서 이런 원망과 불평을 제거해야 합니다. 우리는 야고보서를 보면서 이렇게 결심을 해야 합니다.

'원망하고 불평하는 마음을 품지 않겠습니다.'

  행함이 있는 믿음

'남을 정죄하거나 비난하는 말을 하지 않겠습니다.'

'남을 칭찬하고 격려하여 그들을 살리는 말만 하겠습니다.'

예수님은 비판하지 말아야 할 것에 대해서 다음과 같이 말씀하셨습니다.

> 비판을 받지 아니하려거든 비판하지 말라 너희가 비판하는 그 비판으로 너희가 비판을 받을 것이요 너희가 헤아리는 그 헤아림으로 너희가 헤아림을 받을 것이니라(마 7:1-2)

이 말씀처럼 예수님을 믿는 사람들은 서로에 대한 비판의 말을 내려놓아야 합니다. 남을 비판하는 그 비판이 결국 자신에게 돌아올 것이기 때문입니다. 우리는 늘 자신을 살펴보면서 남의 좋은 점은 본받고 잘못된 점은 경계하고 피해야 합니다.

믿음의 사람들이 그리스도인의 인격을 갖추지 못할 때 반드시 문제가 생깁니다. 다듬어지지 않고 치우치는 감정으로 인해 교구, 구역, 가정에서 문제가 생기고 부부 사이, 부모 자녀 사이, 형제 사이에서도 이것 때문에 문제가 발생합니다. 한 사람의 과격한 언행이 많은 사람들에게 상처를 줄 수 있습니다. 한두 사람의 감정적인 폭발로 공동체 전체가 상처를 받고, 하나님의 영광을 가리게 되는 일이 생길 수 있습니다. 그렇다면 화가 나거나 억울할 때는 어떻게 해야 할까요? 손해를 보더라도 참아야 합니다. 주의 일을 할 때는 손해 볼 때가 많이 있습니다. 그럼에도 불구하고 우리는 믿음으로 기쁨으로 감사로 일해야 하고 인내하여 서로 용납해야 합니다.

욥, 인내의 모범

형제들아 주의 이름으로 말한 선지자들을 고난과 오래 참음의 본으로 삼으라 보라 인내하는 자를 우리가 복되다 하나니 너희가 욥의 인내를 들었고 주께서 주신 결말을 보았거니와 주는 가장 자비하시고 긍휼히 여기시는 이시니라(약 5:10-11)

이어서 야고보서는 우리가 신앙생활을 하다가 어려움을 당할 때 믿음으로 이겨내야 한다고 말씀합니다. 믿음이 있는 사람도 참소나 억울한 일을 당할 때 마음이 편치 않고 속상할 수도 있습니다. 그러나 주님을 바라보고 다시 일어나야 합니다. 오뚝이는 넘어뜨리면 일어나고 또 넘어뜨리면 다시 일어납니다. 우리의 신앙도 문제로 인해 고통을 당할지라도 다시 일어나서 전

   행함이 있는 믿음

진해야 할 것입니다.

예수님은 박해 가운데서도 기뻐하는 신앙에 대해 다음과 같이 말씀하셨습니다.

기뻐하고 즐거워하라 하늘에서 너희의 상이 큼이라 너희 전에 있던 선지자들도 이같이 박해하였느니라(마 5:12)

박해를 당하는 그리스도인은 혼자가 아니라 세상이 박해를 한 믿음의 선진들의 대열에 함께 서있는 사람입니다. 이것을 생각하면 박해의 때가 오히려 기뻐하고 즐거워할 때라는 것입니다.

야고보서 본문이 예로 들고 있는 욥은 어려움을 참고 견딘 대표적인 인물입니다. 욥은 온전하고 정직하며 하나님을 경외하여 악에서 떠난 사람으로 하나님께서 인정하시는 사람이었습니다.

우스 땅에 욥이라 불리는 사람이 있었는데 그 사람은 온전하고 정직하여 하나님을 경외하며 악에서 떠난 자더라(욥 1:1)

　그런데 어느 날 사탄은 욥이 하나님을 잘 섬기는 것은 하나님께서 그를 축복해주셨기 때문이니 만약 그가 시험을 당한다면 믿음을 저버릴 것이라고 참소했습니다. 이에 하나님께서는 사탄이 욥에게 고난을 가져다주도록 허락하셨습니다. 사탄은 욥에게 모든 재산과 자녀, 심지어 건강까지 잃는 극심한 고통을 가져다주었습니다. 이 모든 일이 벌어지자 욥의 아내는 욥에게 차라리 하나님을 욕하고 죽으라고 저주했습니다. 욥의 친구들은 욥의 고난이 그의 죄 때문이라고 정죄하며 비판했습니다. 그럼에도 불구하고 욥은 입술로 하나님을 원망하는 죄를 저지르지 않았습니다.

　그러나 욥에게도 하나의 약점이 있었는데 이는 '나는 의롭다. 이런 고난을 당할만한 죄를 지은 적이 없다. 따라서 하나님 앞에서 부끄러운 모습이 하나도 없다.'라고 하는 자기의 의로움에 대한 교만입니다. 이런 교만은 사실 우리에게도 있습니다. '내가 모든 사람보다 더 낫다.'라고 생각하는 교만이 우리 마음에 스며들어 있으면 이것이 언젠가 우리를 넘어뜨릴 수 있습니다. 그렇기 때문에 늘 자신을 돌아봐야 합니다. 우리가 '나는 아무것도 아닙니다.'라고 고백하며 늘 자신을 낮출 때 하나님은 우리를 붙들어주십니다.

욥이 그의 친구들을 위하여 기도할 때 야훼께서 욥의 곤경을 돌이키시고 야훼께서 욥에게 이전 모든 소유보다 갑절이나 주신지라 (욥 42:10)

욥은 하나님과의 대화에서 자신의 연약함과 부족함을 깨닫고 회개했습니다. 그러자 하나님께서 그를 더 존귀하게 만드시고 높여주셨습니다. 하나님은 욥에게 다시 열 자녀를 주셨고 재산은 그 이전보다 갑절로 주셨습니다. 그리고 욥은 자신이 어려울 때 비판하고 공격했던 친구들을 다 용서했습니다. 용서는 믿음의 사람만 할 수 있는 위대한 하나님의 축복입니다. 용서하지 않는 사람은 자신의 고통에 매여서 헤어나지 못합니다. 이런 경우, 어떤 사람들은 다시 힘이 생기면 복수를 하려고 합니다. 그러나 우리가 역사에서 배울 수 있듯이 복수는 또 다른 복수를 낳습니다. 믿음의 사람들은 그렇게 살면 안 됩니다. 나에게 해를 입힌 사람들도 용서하고 품을 때 더 큰 사람이 되는 것입니다.

우리는 욥의 친구들처럼 다른 사람을 함부로 판단해서는 안 됩니다. 오히려 긍휼히 여기며 기도해주어야 합니다. 나를 괴롭히던 사람이 고난을 겪으면 벌받은 것이라고 판단하며 정죄하기보다 오히려 그때 그를 위해 간절히 기도해주어야 합니다. 우리만 흔들리지 말고 하나님 앞에서 바로 서있으면 됩니다. 우리가 하나님 보시기에 아름답고 인정받는 귀한 모습으로 살게 되기를 바랍니다. 믿음의 사람들은 용서하는 사람들입니다. 믿음의 사람들은 사랑을 실천하는 사람들입니다. 믿음의 사람들은 오래 참는 사람들입니다. 그때 하나님의 복이 임합니다. 그때 우리가 그리스도를 따르는 사람들이라는 인정을 받게 될 것입니다.

토마스 아 켐피스의 『그리스도를 본받아』에는 인내함으로써 그리스도를 닮아가는 삶에 대해서 다음과 같은 말이 나옵니다.

"그리스도께서 이 세상에 계실 때 사람들의 멸시를 받으셨으며 크나큰 궁핍을 겪으셨고, 친지와 친구들로부터 버림을 받으시고 중상모략을 당하셨다. 그리스도께서도 기꺼이 고난과 멸시를 감당하셨는데, 그대가 감히 사람들 때문에 불평하려 하는가? 만약 어떠한 역경도 기꺼이 참고 견디지 못한다면, 어떻게 그리스도의 친구가 될 수 있는가? 그리스도와 함께 또 그리스도를 위해 고난을 참으라! 그리하면 그리스도와 함께 왕 노릇 할 수 있으리라!"

   행함이 있는 믿음

　야고보서는 인내에 대한 말씀을 맹세에 대한 금지로 마무리 합니다.

　내 형제들아 무엇보다도 맹세하지 말지니 하늘로나 땅으로나 아무 다른 것으로도 맹세하지 말고 오직 너희가 그렇다고 생각하는 것은 그렇다 하고 아니라고 생각하는 것은 아니라 하여 정죄 받음을 면하라(약 5:12)

　예수님도 맹세하는 것을 금하셨습니다(마 5:34-37). 단순하고 정직한 대답이면 충분한데도 이를 넘어서서 맹세까지 하는 것은 야고보서가 강조하는 혀를 다스리라는 말씀에 어긋나는 것이며 정죄를 받을 일입니다. 이렇게 맹세라는 지나친 말을 하는 것은 대부분 하나님의 구원을 인내하며 기다리지 못하는 조급한 마음에서 비롯됩니다.

고난 중의 기도가 나를 살게 한다

　너희 중에 고난 당하는 자가 있느냐 그는 기도할 것이요 즐거워하는 자가 있느냐 그는 찬송할지니라(약 5:13)

야고보서는 우리에게 고난을 당할 때 불평하기보다 적극적으로 기도하라고 권면합니다. 고난을 이기기 위해서는 하나님만 의지해야 하기 때문입니다. 사도 바울 역시 이러한 고백을 합니다.

형제들아 우리가 아시아에서 당한 환난을 너희가 모르기를 원하지 아니하노니 힘에 겹도록 심한 고난을 당하여 살 소망까지 끊어지고 우리는 우리 자신이 사형 선고를 받은 줄 알았으니 이는 우리로 자기를 의지하지 말고 오직 죽은 자를 다시 살리시는 하나님만 의지하게 하심이라(고후 1:8-9)

이 구절에서 바울은 아시아에서 복음을 전하다 죽음의 문턱까지 갔던 고난을 기억하고 있습니다. 바울은 그때 오직 하나님만 의지했습니다. 이처럼 우리가 문제와 어려움을 만나 고통당할 때 자신의 힘, 능력, 물질을 의지하지 말고 모든 것을 내려놓고 주님 앞에 엎드려 기도해야 합니다. 기도하면 하나님의 은혜가 임합니다.

에반 B. 하워드 목사님은 『성경 그대로 기도하기』라는 책에서 다음과 같은 말씀을 하셨습니다.

"기도한다는 것은 우리가 능동적이며 적극적으로 하나님을 의뢰하는 태도를 가진다는 것을 의미한다. 즉 우리의 필요를 솔직하고 간절하게 말씀드리며, 하나님의 뜻에 따라 구했다면 나머지는 그분께 다 맡겨드리는 것이다."

우리가 고난의 때에 주님 앞에 엎드려 부르짖고 기도하면 주님께서 우리를 붙들어주시고 새 힘을 주셔서 모든 어려움을 이기고 승리하는 삶을 살 수 있게 만들어주십니다.

모든 은혜의 하나님 곧 그리스도 안에서 너희를 부르사 자기의 영원한 영광에 들어가게 하신 이가 잠깐 고난을 당한 너희를 친히 온전하게 하시며 굳건하게 하시며 강하게 하시며 터를 견고하게 하시리라 (벧전 5:10)

이 말씀처럼 하나님께서는 고난 가운데서도 우리를 온전하게, 굳건하게, 강하게 해주시며 우리의 터를 견고하게 해주십니다. 따라서 우리는 고난 중에 낙심하지 말고 기도해야 합니다. 새벽에 나와 기도하고, 금식하며 기도하고, 철야하며 기도하고, 기도원에 올라가서 기도해야 합니다. 간절히 기도할 때 하나님께서 우리를 도와주십니다.

『세상에서 제일 예쁜 엄마』에는 견딜 수 없는 고통 속에 살다가 예수님을 믿고 변화되어 기쁨과 감사의 삶을 살고 있는 예인건축연구소 이효진 소장님의 감동적인 이야기가 실려있습니다. 이효진 소장님은 생후 18개월 때 엄마가 집을 비운 사이에 아궁이에서 끓고 있던 물이 넘치는 바람에 수증기로 인한 3도 화상을 얼굴에 입었습니다. 얼굴에 큰 흉터가 생겼고, 초등학교에 입학했을 때 친구들이 얼굴이 일그러진 귀신이 왔다고 놀렸습니다. 너무나 큰 상처를 받았습니다. 열다섯 살 때 성형수술을 했지만 수술은 실패했고 더 큰 절망에 빠졌습니다. 그때 이효진 소장님의 어머니는 "효진아, 아래를 내려다보고 살아야 해. 너보다 힘든 사람도 많이 있어. 우리 같이 하나님을 믿고 의지하자."라며 소장님을 위로했습니다.

스무 살이 되면 다시 성형수술을 하기로 했습니다. 그러나 스무 살이 되어 병원에 가니 수술이 불가능하다는 판정이 내려졌습니다. 소장님은 일그러진 얼굴로 살 바에는 죽자는 생각에 수면제를 먹고 자살기도를 했습니다. 그러나 죽기 직전에 어머니가 발견해서 살려냈습니다. 어머니는 "효진아, 약해지지 마. 지금까지 잘 참아왔잖아!" 하며 딸을 부둥켜안고 격려했습니다.

그런데 그렇게 옆에서 늘 격려해주고 힘을 주었던 어머니가 소장님이 28살이던 어느 날 교통사고로 갑자기 세상을 떠났습니다. 장례식장에서 '하나님이 살아계신다면 이럴 수가 있습니까?' 하며 원망하는 마음으로 울고 있는데 어머니가 다니던 교회의 담임목사님과 사모님이 와서 어머니의 기도 제목을 들려주었습니다. 당시 상황을 소장님은 이렇게 설명합니다.

"엄마가 돌아가시고 같이 따라 죽을 생각을 했었어요. 그때도 심한 자살 충동을 느꼈었는데 엄마의 기도제목이 저를 살렸어요. 사모님께서 엄마가 구역예배 때 나누었던 마지막 기도제목을 들려주셨어요. '효진이가 교회를 다녔으면 좋겠습니다.' 그 이야기를 듣고 엄마의 마지막 유언을 지켜드려야겠다 생각하고 교회를 다니기 시작한 것입니다."

6살 때까지 교회에 다니다가 성인이 되어 교회를 떠났던 이효진 소장님은 어머니의 유언을 듣고 다시 교회에 나왔습니다. 교회에서 눈물로 기도할 때 성령님이 임하셨습니다. 성령체험 이후 이효진 소장님은 하나님께 이렇게 기도했습니다.

"하나님, 감사합니다! 하나님 아버지께서 저보다 더 아파하시고 저보다 더 많은 눈물을 흘리셨을 거라는 것을 이제야 알았습니다. 저의 약함이 고통이 아니라 주님의 축복임을 이제야 알았습니다. 이제 저는 주님의 자랑스러운 딸로, 하나님 나라의 자랑으로 살겠습니다!"

이효진 소장님은 현재 건축연구소 소장으로 일하고 있으며 좋은 남편을 만나 결혼해서 아이도 둘을 낳고 행복하게 살고 있습니다. 어머니의 신앙 유산과 고난이 가져온 축복에 대해서 이효진 소장님은 다음과 같이 고백합니다.

"엄마는 우리 집에 보냄 받은 '엄마'라는 이름의 선교사였습니다. 남편과 네 자녀가 모두 예수님을 만나도록 하시고 천국으로 가셨지요. 비록 세상이 알아주는 선교사가 아닐지라도, 이름도 없이 빛도 없이 한 가정에 복음의 뿌리를 내리고 눈물의 기도를 뿌리고 가셨습니다. 엄마의 고난도 축복이었고, 제 고난도 사실은 예수님이 오시는 길을 예비하는 축복이었지요. 엄마가 제게 유일하게 물려주신 유산은 바로 예수님이셨습니다. 엄마, 천국에서 지금 저를 보고 계시죠. 너무 감사해요. 나중에 천국 가서 엄마한테 부끄럽지 않은 딸이 되도록 그렇게 열심히 살게요. 엄마, 사랑해요!"

이것이 믿음의 모습입니다. 우리도 이렇게 살아야 합니다. 아무리 힘들고 어려워도 참고 견디고 믿음으로 딸을 위해 기도했던 이효진 소장님의 어머니처럼, 우리도 눈물의 기도로 온 가정을 변화시키는 믿음으로 살게 되기를 바랍니다.

믿음의 기도는 병든 자를 구원한다

너희 중에 병든 자가 있느냐 그는 교회의 장로들을 청할 것이요 그들은 주의 이름으로 기름을 바르며 그를 위하여 기도할지니라 믿음의 기도는 병든 자를 구원하리니 주께서 그를 일으키시리라 혹시 죄를 범하였을지라도 사하심을 받으리라 그러므로 너희 죄를 서로 고백하며 병이 낫기를 위하여 서로 기도하라 의인의 간구는 역사하는 힘이 큼이니라(약 5:14-16)

하나님께서는 성도의 믿음의 기도를 들으시고, 질병을 치료해주십니다. 특별히 성도가 하나 되어 기도할 때 치료자 하나님께서는 기적과 같은 치료의 은혜를 베풀어주십니다.

인천 주안장로교회 나겸일 원로목사님의 간증입니다. 약 30년 전 교회가 한창 부흥하던 어느 날 갑자기 목사님의 건강에 이상이 생겼습니다. 급히 병원에 가니 급성 간암으로 진단이 내려졌습니다. 의사는 "왜 몸이 이 지경이 되도록 계시다가 오셨습니까? 지금은 늦었습니다."라고 말했습니다. 목사님은 또 다른 병원에 갔지만 결과는 같았고, 세 번째 병원에서는 삼 일도 못 넘길 것 같다는 진단을 받았습니다. 의사의 진단대로 목사님의 얼굴이 검게 변하고 복수가 차기 시작했습니다. 호흡이 가빠지면서 언제 호흡이 멈출지 모르는 위급한 상태에 이르렀습니다.

목사님 자신은 주의 종으로서 죽으면 천국에 갈 것이니 죽음이 두렵지 않았지만, 홀로 남겨질 사모님과 아홉 살, 여섯 살 난 어린 두 딸을 생각하니 너무나 마음이 아팠습니다. 또한 막 부흥하기 시작한 교회와 성도들을 생각하니 너무나 안타까웠습니다. 그래서 목사님은 말씀을 붙잡고 하나님 앞에 간절히 기도하기 시작했습니다.

"천지를 창조하신 하나님, 제 간을 창조하신 하나님, 하나님이 역사하시면 제 간이 나을 줄 믿습니다! 제가 죽으면 하나님의 영광을 가리게 됩니다. 오직 하나님의 영광 위하여 저를 살려주세요! '그가 채찍에 맞으므로 우리는 나음을 받았도다'(사 53:5)라는 말씀을 믿습니다! '우리의 연약한 것을 친히 담당하시고 병을 짊어지셨도다'(마 8:17)라는 말씀을 믿습니다! '믿음의 기도는 병든 자를 구원하리니 주께서 그를 일으키시리라'(약 5:15)라는 말씀을 믿습니다!"

주일이 되었습니다. 목사님이 곧 임종할 정도로 위독하다는 말을 들은 성도들은 1부 예배부터 5부 예배까지 모두 나와 기도하기 시작했습니다. 저녁 7시 반 예배에는 더 많은 성도들이 나와 본당과 교육관 그리고 부속 성전까지 모두 채워서 밤을 새며 다음날 새벽까지 중보기도를 했습니다. 그럼에도 불구하고 상황은 더욱 악화되었습니다. 주일 저녁에 의사가 와서 목사님의 상태를 보더니 가족들에게 마음의 준비를 하라고 말했습니다. 그 시간, 성도들은 교회에서 밤새도록 목사님을 살려달라고 부르짖어 기도하고 있었습니다. 사모님은 목사님 옆에서 하나님께 목사님을 살려달라고 간절히 기도했습니다. 그러던 중 밤 12시가 넘어 갑자기 목사님의 배에서 꼬르륵 하는 소리가 나면서 새까만 혈변이 쏟아지기 시작했습니다.

그다음 날부터 하루에 세 번씩, 나흘 동안 열두 번 혈변을 쏟은 후, 복수가 찼던 배가 다 들어갔고 본격적으로 회복이 시작되었습니다. 그를 담당했던 주치의 김병수 박사는 이렇게 말합니다.

"저는 의사로서, 의대 교수로서 이런 기적은 처음 봤습니다. 목사님의 경우는 1%도 장담할 수 없었습니다. 그래서 처음엔 병원 측에서 목사님을 받으려고도 하지 않았습니다. 목사님을 받는다는 것은 곧 시체를 받는 것과 같았기 때문입니다. 의학적으로 설명이 안 됩니다! 이건 하나님께서 고치셨다고 말씀드릴 수밖에 없습니다!"

하나님께서 목사님의 건강을 회복시켜주셔서 건강한 모습으로 교회에 돌아왔습니다. 그 이후 교회는 더욱 부흥하여 십만 성도가 모이는 대형 교회가 되었고 목사님은 평생 하나님께 감사하고 영광을 돌리면서 주님의 일을 하다가 은퇴했습니다.

하나님은 살아계십니다. 바랄 수 없는 중에 바라고 믿었더니 기적이 일어났던 것입니다. 불가능한 상황에서 목사님, 사모님, 성도님들의 믿음과 그 의인들의 간절한 간구가 기적을 불러 온 것입니다. 어려움을 당할 때, 문제가 많을 때 우리는 기도해야 합니다. 온 가족이 매달려 주님 앞에 기도할 때 기적은 일어납니다. 믿음의 기도를 드릴 때 하나님께서 놀라운 역사를 일으켜주십니다.

기도는 간절함으로 하는 것이다

엘리야는 우리와 성정이 같은 사람이로되 그가 비가 오지 않기를 간절히 기도한즉 삼 년 육 개월 동안 땅에 비가 오지 아니하고 다시 기도하니 하늘이 비를 주고 땅이 열매를 맺었느니라(약 5:17-18)

엘리야는 기도의 사람이었습니다. 그가 비가 오지 않기를 하나님께 엎드려 기도할 때 하늘 문이 닫혀서 3년 반이나 비가 오지 않았습니다. 그 후 엘리야가 머리가 무릎 사이까지 내려갈 정도로 머리를 숙이며 비가 오기를 일곱 번 간절하게 기도했더니 이번에는 하나님께서 하늘의 문을 열어 비를 내려주셨습니다.

본문은 엘리야도 우리와 성정이 똑같은 사람이라고 말씀합니다. 엘리야도 우리처럼 고난을 당하고, 보통 사람의 한계와

제한성을 다 가지고 있었던 사람이라는 뜻입니다. 실제로 엘리야는 갈멜 산에서 큰 승리를 거두었음에도 이세벨의 죽이겠다는 말 한마디에 크게 낙심하며 도망을 갔습니다. 그도 우리와 같이 연약한 인간이었던 것입니다. 그러나 그가 간절히 기도했을 때 닫혔던 하늘이 열리고 비가 내리는 놀라운 응답을 받았습니다. 부족하고 연약한 우리도 간절히 기도하면 하나님께서 들으시고 기적을 베풀어주십니다. 우리는 살아가면서 주님께 부르짖는 신앙, 간절히 간구하는 신앙으로 주님을 섬겨야 합니다. 우리 힘으로 해결하지 못하는 많은 문제들이 있습니다. 그때 우리는 부르짖어야 합니다. 시편 91편 15절은 말씀합니다.

그가 내게 간구하리니 내가 그에게 응답하리라 그들이 환난 당할 때에 내가 그와 함께 하여 그를 건지고 영화롭게 하리라(시 91:15)

요즘 부모와 자녀의 관계에서 가장 큰 문제는 서로 대화가 없다는 것입니다. 부모와 자녀 사이에 대화가 없으니 아이들이 자라날 때 사랑을 느끼지 못하고, 배워야 할 것들을 못 배우는 경우가 많습니다. 이런 아이들은 자기중심적이며 이기적인 모습으로 인격이 형성되는 경우가 많습니다. 서로 대화가 없음으로 부모는 자식의 마음을 모르고 자식은 부모를 이해하지 못합니다.

하나님과 우리 사이에도 소통이 매우 중요합니다. 나를 지으시고 구원해주신 구원의 하나님, 나를 치료해주신 치료의 하나님, 나의 모든 것을 공급해주시는 목자 되신 하나님, 이 좋으신 하나님이 우리의 하나님이시니 우리는 스스로 문제를 가지고 고민하고 괴로워할 필요가 없습니다. 시편 94편 9절 말씀입니다.

귀를 지으신 이가 듣지 아니하시랴 눈을 만드신 이가 보지 아니하시랴(시 94:9)

주님께서는 눈물의 기도를 보시고, 들으시고, 응답하십니다. 성경은 계속해서 말씀합니다.

내가 야훼를 기다리고 기다렸더니 귀를 기울이사 나의 부르짖음을 들으셨도다(시 40:1)

너는 내게 부르짖으라 내가 네게 응답하겠고 네가 알지 못하는 크고 눈물의 기도로 수명이 15년 연장된 히스기야 왕의 이야기입니다. 이사야 선지자를 통해 자신의 생명이 얼마 남지 않았다는 통보를 받은 히스기야는 심히 통곡하며 기도했습니다.

히스기야가 얼굴을 벽으로 향하고 야훼께 기도하여 이르되 야훼여 구하오니 내가 주 앞에서 진실과 전심으로 행하며 주의 목전에서 선하게 행한 것을 기억하옵소서 하고 히스기야가 심히 통곡하니 (사 38:2-3)

히스기야는 통곡하며 "하나님, 왜 저를 지금 데려가십니까? 하나님, 제가 우상을 제거하며 선하게 행했던 것을 기억하시고 저를 이 땅에 좀 더 두셔서 제가 아직 못 다한 일을 할 수 있게 저를 살려주시옵소서."라고 기도했을 것입니다. 이 눈물의 기도를 들으신 하나님께서는 다시 이사야 선지자에게 말씀하셨습니다.

너는 가서 히스기야에게 이르기를 네 조상 다윗의 하나님 야훼께서

행함이 있는 믿음

이같이 말씀하시기를 내가 네 기도를 들었고 네 눈물을 보았노라 내
가 네 수한에 십오 년을 더하고 너와 이 성을 앗수르 왕의 손에서 건
져내겠고 내가 또 이 성을 보호하리라(사 38:5-6)

하나님의 놀라운 응답을 받은 히스기야는 15년을 더 살게 되
었습니다. 죽게 되어있었던 히스기야가 눈물로 간절히 부르짖
었더니 하나님께서 수명을 연장시켜주시는 큰 기적을 베풀어주
신 것입니다.

우리도 히스기야처럼 문제가 다가올 때 낙심하지 말고 기도
를 멈추지 말아야 합니다. 응답이 올 때까지 부르짖고 또 부르
짖는 우리가 되기를 원합니다. 하나님은 우리 모두에게 하늘 문
을 여는 천국의 열쇠를 주셨습니다. 간절히 기도할 때, 모든 문
을 여시는 하나님께서 모든 문제를 해결하는 마스터키를 주시
는 것입니다. 기도는 은혜와 복, 감사와 평안을 만드는 기적의
열쇠입니다. 응답의 마스터키를 활용하십시오. 그러면 우리는
언제나 승리할 수 있습니다.

성경에는 기도로 위기와 고난을 극복한 인물들이 많습니다.
야곱은 고향으로 돌아가던 중 형 에서가 400명 군사를 데리고
자기를 죽이려고 나와 기다리고 있다는 이야기를 들었습니다.

그는 그날 밤 얍복 강 나루터에서 밤새도록 하나님께 매달려 기도했습니다. 그러자 기도를 들으신 하나님께서 에서의 마음을 완전히 변화시켜주셔서 20년간 원수가 되었던 야곱과 에서가 단번에 화해하게 되었습니다.

모세도 기도를 통해 숱한 위기와 고난을 극복했던 기도의 사람이었습니다. 모세가 애굽의 군대에 쫓기면서 홍해 앞에 몰린 절체절명의 순간, 하나님 앞에 간절히 엎드려 기도할 때 홍해가 갈라지는 역사가 나타났습니다. 이후 광야 길을 걸으면서 물이 없을 때 모세가 기도하니 반석에서 물이 터져 나왔고, 먹을 것이 없을 때 기도하니 하늘에서 만나와 메추라기가 쏟아졌습니다. 그리고 아말렉과의 전투에서 손을 들어 기도할 때 이스라엘은 넉넉히 이길 수 있었습니다.

아이를 낳지 못해 심한 괴로움 가운데 있던 한나는 눈물 흘리며 주님께 간절히 기도했습니다. 그러자 하나님께서는 태의 문을 여셨고 사무엘을 아들로 주셨습니다. 이처럼 간절히 기도할 때 하나님께서 응답하시고 기적을 베풀어주십니다.

우리가 우리의 힘으로 문제를 해결하려고 열심히 이리저리 뛰어다니고 있으면 주님은 가만히 보고만 계십니다. 그러나 우리가 문제를 놓고 엎드려 기도하면 그때부터는 주님께서 일하시는 것입니다. 그러므로 우리의 염려를 기도로 바꿔야 합니다. 10년 동안 염려하는 것보다 10분 동안 기도하는 것이 낫습니다. 주님 안에서 늘 기도하기를 힘써야 합니다. 우리의 믿음이 성장하기 위해서 기도하고, 우리 자녀들을 위해서 기도하고, 경영하는 사업을 위해서, 직장을 위해서, 이 나라와 이 민족을 위해서 기도할 때, 하나님께서 그 기도를 들으시고 응답해주십니다. 특별히 환난이 우리를 사방으로 욱여싸고 동서남북 어디에도 구원의 손길이 없을 때 하나님께 기도해야 됩니다. 시편 121편 1절에서 2절의 말씀입니다.

내가 산을 향하여 눈을 들리라 나의 도움이 어디서 올까 나의 도움은 천지를 지으신 야훼에게서로다(시 121:1-2)

기도는 축복의 통로이자 기적과 응답의 열쇠입니다. 하나님께서는 우리의 기도를 듣기 원하시며, 우리에게 응답으로 축복해주기를 원하십니다. 우리가 기도하고 맡기면 주님께서 문제를 해결해주시고 놀라운 역사를 나타내주실 것입니다.

떠난 자를 돌아서게 하라

내 형제들아 너희 중에 미혹되어 진리를 떠난 자를 누가 돌아서게
하면 너희가 알 것은 죄인을 미혹된 길에서 돌아서게 하는 자가 그
의 영혼을 사망에서 구원할 것이며 허다한 죄를 덮을 것임이라
(약 5:19-20)

야고보서는 마지막으로 "미혹되어 진리를 떠난 자"를 다시
돌아서게 하라고 권면합니다. 이들은 박해 속에서 배교한 이들
입니다. 그들의 영혼은 사탄의 미혹을 받았으며 이미 사망에 처
해졌습니다. 그러나 "형제들", 즉 교회는 이들을 내버려두어서
는 안 됩니다. 교회는 영혼을 살리는 곳이고 진리를 떠나 방황
하는 이들이 다시 믿음을 갖도록 하는 곳이기 때문입니다. 이렇
게 영혼을 사망에서 구원하며 허다한 죄를 덮는 믿음은 입술로
만 고백하는 믿음이 아니라 마음으로 믿고 행동으로 옮기는 믿
음, 즉 '행함이 있는 믿음'입니다.

요약

야고보서 5장은 인내와 기도에 대해 말씀하고 있습니다. 본문은 먼저 성도들을 박해하는 이 세상의 불의하고 부유한 자들에 대한 심판을 선포합니다. 세상에는 물질을 우상 삼고 어떻게든 돈을 더 모으려고 하는 사람들이 많습니다. 하지만 돈을 사랑함은 결국 자신을 패망하게 하는 일만 악의 뿌리가 됩니다. 하나님께서는 우리에게 하나님의 일을 위해 쓰라고 물질을 주셨습니다. 이어서 성경은 주님이 다시 강림하실 것을 믿으며 인내하라고 권면합니다. 어떤 환난과 박해가 다가올지라도 주님이 다시 오셔서 모든 절망을 해결하실 것이라는 믿음이 인내를 가능하게 합니다. 욥은 오래 참음으로 복을 받은 대표적인 사람입니다. 욥처럼 자신의 힘을 의지하지 않고 완전한 자기 부인을 할 때 하나님의 복이 임하게 됩니다. 우리는 영적으로 깨어서 예수님을 믿는 사람다운 삶을 살아야 합니다. 그리스도인의 인격을 갖춰서 서로를 인내하며 용납할 때 하나님을 기쁘시게 할 수 있습니다. 야고보서 5장은 또한 고난이 때에 믿음을 가지고 간절히 기도할 것을 강력하게 권면합니다. 기도는 하나님만을 바라보겠다는 의지이자 병든 자를 구원할 수 있는 강력한 무기입니다. 우리와 다를 바가 없는 엘리야가 승리한 비결이 바로 기도였습니다. 인내와 기도로 결국 우리는 승리할 수 있습니다.

묵상

우리가 현재 겪고 있는 고난의 원인은 무엇일까요? 그 고난 앞에서 우리의 대처 자세는 어떠했습니까? 우리가 승리하기 위해 취해야 할 마음의 자세와 행동은 무엇입니까?

적용

내가 겪고 있는 고난의 의미에 대해서 적어보고, 이 고난을 극복하기 위해 인내해야 할 일들과 구체적인 기도 제목을 작성해봅시다. 그리고 기도의 동역자들과 함께 기도 제목을 나누고 서로를 위해 기도합시다.

아래의 책들이 인용되었습니다. 분량과 문맥을 고려해 원문에 부분적으로 수정을
가한 경우도 있음을 밝힙니다.

● E. M. 바운즈, 『거침없이 기도하라』, 임종원 역(서울: 브니엘, 2014)

● 마이클 오, 『나는 아무것도 아닙니다』, 배응준 역(서울: 규장, 2014)

● 고든 케디, 『야고보서-실천하는 그리스도인』, 이중수 역(서울: 목회자료사, 1999)

● 정태기, 『당신은 혼자가 아닙니다』(서울: 국민일보, 1997)

● R. C. 스프로울 Jr., 『하나님을 믿는다는 것은』, 이대은 역(서울: 생명의 말씀사, 2014)

● 폴 마이어, 『성공을 유산으로 남기는 법』, 최종옥 역(서울: 두란노, 2003)

● 릭 워렌, 『목적이 이끄는 삶』, 고성삼 역(서울: 디모데, 2003)

● 어거스틴, 『성어거스틴 참회록』(서울: 크리스챤다이제스트, 2007)

● 고봉준, 『영화 같은 이야기』(서울: 쿰란출판사, 2017)

● Hugh Binning, *Christian Love*(UK: The Banner of Truth Trust, 2004)

● 마틴 루터, 『대교리문답1 마틴루터의 십계명 해설』, 정준수 역(서울: 유페이퍼, 2013)

● 토마스 아 켐피스, 『그리스도를 본받아』, 최치남 역(서울: 생명의 말씀사, 2015)

● 에반 B. 하워드, 『성경 그대로 기도하기』, 채수범 역(서울: 규장, 2014)

● 이효진, 『세상에서 제일 예쁜 엄마』(서울: 규장, 2017)

행함이 있는 믿음

초판 1쇄 발행   2019년 1월 2일

지은이   이영훈
주 간   김한경
편집인   김형근
편집장   박인순
기획·편집   강지은
표지디자인   김미나
내지디자인   김한희

펴낸곳   교회성장연구소
등 록   제 12-177호
주 소   서울특별시 영등포구 여의공원로 101 CCMM빌딩 7층 703B호
전 화   02-2036-7928(편집팀)
팩 스   02-2036-7910
쇼핑몰   www.icgbooks.net
홈페이지   www.pastor21.net
페이스북   www.facebook.com/pastor21

ISBN | 978-89-8304-286-6 03230

*값은 뒤표지에 있습니다.
*잘못된 책은 구입하신 서점에서 교환해드립니다.
*이 책 내용의 일부를 사용하려면 반드시 저작권자와 교회성장연구소 양측의 서면동의를 받아야 합니다.

"무슨 일을 하든지 마음을 다하여 주께 하듯 하라" (골 3:23)

교회성장연구소는 한국 모든 교회가 건강한 교회성장을 이루어 하나님 나라에 영광을 돌리는 일꾼으로 성장하는 것을 목표로, 목회자의 사역은 물론 성도들의 영적 성장을 도울 수 있는 필독서들을 출간하고 있다. 주를 섬기는 사명감을 바탕으로 모든 사역의 시작과 끝을 기도로 임하며 사람 중심이 아닌 하나님 중심으로 경영한다. "무슨 일을 하든지 마음을 다하여 주께 하듯 하라"는 말씀을 늘 마음에 새겨 하나님께서 주신 사명을 기쁨으로 감당한다.